高中英语写作的产出导向法教学研究

GAOZHONG YINGYU XIEZUO DE
CHANCHU DAOXIANGFA
JIAOXUE YANJIU

丁 旭 ◎著

西南大学出版社
SWUP
国家一级出版社 全国百佳图书出版单位

图书在版编目(CIP)数据

高中英语写作的产出导向法教学研究 / 丁旭著. --
重庆:西南大学出版社,2024.1
ISBN 978-7-5697-1799-0

Ⅰ.①高… Ⅱ.①丁… Ⅲ.①英语—写作—教学研究
—高中 Ⅳ.①G633.412

中国国家版本馆CIP数据核字(2023)第039937号

高中英语写作的产出导向法教学研究

GAOZHONG YINGYU XIEZUO DE CHANCHU DAOXIANGFA JIAOXUE YANJIU

丁旭 著

责任编辑:何毓阳
责任校对:钟孝钢
装帧设计:起源
排　　版:杜霖森
出版发行:西南大学出版社(原西南师范大学出版社)
地址:重庆市北碚区天生路2号
网址:http://www.xdcbs.com
邮编:400715
市场营销部电话:023-68868624
印　　刷:重庆美惠彩色印刷有限公司
幅面尺寸:170 mm×240 mm
印　　张:11.75
字　　数:280千字
版　　次:2024年1月　第1版
印　　次:2024年1月　第1次印刷
书　　号:ISBN 978-7-5697-1799-0

定　　价:58.00元

作者简介

丁旭，东北师范大学教育博士，现就职于海南师范大学外国语学院。

内容简介

英语写作技能是高中英语表达性技能的关键组成部分,但英语写作能力的培养是高中英语教学的薄弱环节。“产出导向法”外语教学理论强调通过语言输出产生语言学习动力,开展针对性促成,实现语言的学用结合,促进学生英语学科关键能力的全面提升,在高校英语教学中已经得到广泛应用与有效验证。如今,信息技术的发展为教育教学发展与改革提供了新手段与新支持,尤其是近年来兴起的混合式学习为学生的个性化学习和深度学习提供了有力支撑。在此背景下,本书运用质化和量化相结合的研究范式,探讨了混合学习环境下高中英语写作教学的现状、基于“产出导向法”的教学模式设计及其教学实现问题。本书首先探讨了高中英语教学现存问题,对混合学习环境下高中英语写作教学进行态势分析。以此为基础,从信息技术与课程整合视角切入,探索出一条信息技术与英语学科深度融合的路径,提出了指向教学目标、教学内容、教学活动和教学评价四个教学设计要素,以及在混合学习环境下高中英语写作的“产出导向”法教学设计总体原则,规划了与之对应的教学设计框架,形成了基于驱动、促成和评价三个环节教学实施具体流程,设计并实施了三轮高中英语写作教学实践,以此验证了其使用价值。

MULU 目录

绪　论

第一节 缘起

新时代的到来为人才培养提出新的要求。国际交流能力是新时代人才的必备能力，因此英语写作能力的培养也变得日益重要。随着社会不断发展和进步，信息技术在社会变革当中扮演着关键角色，以人工智能、大数据、5G为代表的新兴技术也引发了教育领域的重大变革。尤其在后疫情时代，混合学习已经成为一种新常态，这为英语学科的"教"与"学"带来新的机遇和挑战。与此同时，产出导向法作为一种扎根本土、融通中外的外语教学法涌现出来，为提升我国英语教学质量提供了新的方向。本节从改善高中英语写作教学的现实紧迫性、混合学习环境的常态化趋势和产出导向法提供的教学新思路三个方面对研究背景进行论述。

一、改善高中英语写作教学具有现实紧迫性

英语写作技能是我国高中英语教学强调的语言"表达性技能"，是语言运用能力的重要组成部分，开展英语写作活动是发展学生的语言能力、文化意识、思维品质和学习能力等英语学科核心素养的重要途径。《普通高中英语课程标准(2017年版2020年修订)》还提出必修、选择性必修和选修阶段的具体写作能力要求，对英语写作能力的考查从词句准确性和丰富性，到篇章流畅性和完整性，再到主题的明确性和实用性，都有着详细的评价原则和标准。

然而，结合笔者的教学经历和对文献的梳理可以发现，高中英语写作教学面临诸多挑战，如学生缺乏写作意愿、作文语言质量较差、写作策略不足、写作成绩偏低等现象。英语写作成为学生英语学习的瓶颈，同时也是英语教师面临的棘手问题。如何破解这一困境，在英语写作教学中寻找学科核心素养作为培养的触发点和结合点，探索全面提高学生英语写作能力的可行路径，实现学科育人的根本目标，成为当前高中英语写作教学和研究中的紧迫问题。

二、混合学习环境日益成为高中英语教学新趋势

目前,新兴信息技术不断涌现,为教育教学的改革与创新提供了新手段与新支持,尤其是近年来兴起的混合式学习为学生的个性化学习和深度学习提供了有力支撑。在互联网教育的大背景下,教学早已不局限于课堂,开始迈向"时时、处处、人人"的泛在式学习空间。2014年教育部印发的《中小学教师信息技术应用能力培训课程标准(试行)的通知》指出,教师应能够在多媒体教学环境中,合理利用技术资源,有效开展教学活动,优化课堂教学,提升教育教学能力。2019年《教育部关于实施全国中小学教师信息技术应用能力提升工程2.0的意见》指出,教师应综合利用线上线下渠道,打造"技术创新课堂",提高应用信息技术进行学情分析、教学设计、学法指导和学业评价等能力,破解教育教学重难点问题。2021年《中小学教师信息化教育教学微能力诊断指引》对教师需要掌握的学情分析、教学设计等30项子能力提出具体要求。可见,混合式学习已经纳入国家战略制订层面,成为我国未来教育教学的新趋势。

2019年突如其来的疫情使教师需要应对复杂的教学环境。一时之间,许多教师的教学方式及教学能力难以全面适应这种变化,只能勉强支撑应急式的线上教学,更缺乏将信息技术与课程教学深度融合的能力。在疫情防控常态化的背景下,线上线下混合教学成为高中教学的常规操作。然而,有学者指出,已有的"双线教学",即"线上教学"和"线下教学",更多是"分离"或"割裂"的,大多时候"各行其是"。简单地将线下传统教学平移至线上并不符合教学改革的趋势,教师需要根据线上线下各自的优势与特征,打造出适合师生需求的新型教学模式,持续深化改造传统常规课程教学,才能促进教学改革和提高质量。那么,充分利用信息技术赋能教师,实现信息技术与英语写作教学的深度融合,切实提高英语写作教学的实效性,对于高中英语教师仍然是很大的挑战。因此,探索一套行之有效的在混合学习环境下基于产出导向法的高中英语写作教学新模式或新方法,可以为广大高中教师提供参考和启发,具有很强的实践价值和指导意义,值得教育工作者积极尝试和深入研究。

三、产出导向法为高中英语写作教学提供新思路

产出导向法(Production-oriented Approach,简称POA)是我国学者提出的外语教育理论,强调通过语言输出产生语言学习动力,并开展针对性促成,实现语

言的“学用结合”,促进学生综合语言能力的全面提升。自该理论提出以来,其影响力逐渐提升,已应用于英语、对外汉语及小语种等外语教学实践中,在提高学生外语写作、阅读和口语能力等方面展现出明显的优势,在高校英语教学中已经得到广泛应用与有效验证。产出导向法的应用为改善高中英语教学提供了新的思路,有望解决当前英语写作教学面对的难题,提升写作教学成效。

目前,产出导向法主要应用领域集中在高等教育阶段,其主要研究成果多是针对大学英语教学提出的,在基础教育领域的研究尚不充分。产出导向法在基础教育领域,尤其是高中阶段的应用,需要考虑我国高中和大学英语教学的不同之处。首先,高中生和大学生英语语言基础和认知水平不同。高中生整体语言水平明显低于大学生,认知水平、学习能力和对社会生活的理解程度与大学生相比仍有差距,那么教师对于语言任务的设计、教学材料的选取、指导的要求则需要做出相应调整。其次,高中生和大学生的学习环境和学习习惯不尽相同。大学生以自学为主,学生拥有相对自由的时间和灵活的学习机会,对电子设备的应用通常拥有更大的自主权。但是大多数高中生的教学环境是常规教室,而非大学比较常见的语言实验室或智慧教室等,学生在校学习时间之外则回到家庭进行相对独立的学习,电子设备的应用程度受到学校和家庭的管控程度较高。第三,高中和大学英语教学材料存在较大差异。根据产出导向法理论开发的英语教材和配套资源已在部分高校范围内应用,但我国高中英语教学多是采用统一教材,这类教学材料是否适用于产出导向法写作教学,需要教师做出哪些调整和创新,都需进一步进行系统且深入的研究。所以,在设计产出导向法指导下的高中英语写作教学时,教师必须充分考虑高中教学的现实情况,通过实践逐渐探索出一条体现高中特色、应对现实困难的高中英语写作教学路径。

第二节　目标与意义

一、目标

高中英语写作教学面临现实的困难和改革的需求,传统教学方式亟须转型。如何通过英语写作教学落实我国英语学科核心素养目标,培养新时代所需要的跨文化交流人才是值得让教育者深思的问题。产出导向法为高中英语写作教学提出了新的思路,而混合学习环境为高中英语写作教学的各个方面提供改革的可能。基于此,本书关注混合学习环境下基于产出导向法的高中英语写作教学方案的构建,并尝试达成以下三个核心目标,对研究主题做出回应:

核心目标一:探讨高中生英语写作的困难和成因。

目标一是本书的基础和前提。英语写作教学是长期以来困扰我国英语教学者的重要问题之一,了解学生的学习现状、学习困难和需求等有助于在教学中进行有针对性的设计,规避问题与不足,改进教学效果。因此,本研究通过回答以下具体问题,对第一个核心目标进行探讨:高中生以往的英语写作学习是怎样进行的?学生在英语写作中存在的具体的困难和成因是什么?对困难和成因的分析对高中英语写作教学有哪些启示?

核心目标二:设计混合学习环境下基于产出导向法的高中英语写作教学。

目标二是本书的中心和重点。本书在对高中英语写作现有困难进行调查的基础之上,在相关教育教学理论的指导下,形成教学设计与实施的整体方案。本部分关注的问题为:产出导向法和信息技术与课程整合理论对高中英语写作教学的指导意义有哪些?高中英语写作教学设计的基本原则和框架是怎样的?具体的教学流程和各环节的设计要点有哪些?

核心目标三:实施混合学习环境下基于产出导向法的高中英语写作教学。

目标三是对目标二的发展。本书将教学的总体设计应用于实际的教学实施中,解答以下具体问题:在实施高中英语写作教学时,如何结合教材的单元写作主题设计具体教学方案？教学实施的效果如何？有哪些需要改进和完善的地方？通过教学实践,得出哪些教学设计要点与实施建议？

二、意义

第一,理论意义。

本书以产出导向法和信息技术整合理论为依据,旨在建构混合学习环境下基于产出导向法的高中英语写作教学整体设计方案,提出具体的教学设计原则、设计框架、教学实施流程和设计要点,并经过教学实践,进一步总结各环节教学材料和活动设计的操作要点。本书旨在探索出一条信息技术与英语学科深度融合的实践路径,并验证其可行性和有效性。本书希望通过细化产出导向法理论在高中英语写作教学的实现方法,为产出导向法在混合学习环境下的应用与发展提供思路和灵感。本书通过质的研究方法,探索学生英语写作的困境及成因,针对现象背后的底层逻辑进行探讨,并从教学目标、教学资源、教学活动和教学评价四个方面对高中英语写作教学提出改进策略。本书丰富了混合教学环境下高中英语写作常规课堂的教学实践研究,为信息时代背景下高中英语写作教学的改革与创新提供方向参考。

第二,实践意义。

本书通过梳理产出导向法理论和信息技术与课程整合理论等英语教学相关理论,形成混合学习环境下英语写作的产出导向法教学设计。通过规划各自单元的写作教学目标、内容、活动和评价方法,为高中英语写作教学提供具有可操作性的思路和可供借鉴的案例。本书将针对六个单元的写作教学设计案例实施和教学效果进行评估。通过三轮行动,不断改进教学效果,通过对最终教学效果的评价,混合学习环境下英语写作的产出导向法教学能够为学生带来良好的教学体验,有助于提升学生的综合语言运用能力和英语写作学业表现,并解决现有的高中英语写作教学的困境。此外,本书结合笔者任教学校的教学环境特点和学生写作能力现状,探索出一条融合信息技术与英语写作的产出导向法教学的设计方案,并在英语写作教学中得以实践,证明信息技术的应用对于基于产出导向法的高中英语写作教学的支持作用,这为英语学科其他技能的教学提供了教学设计的依据和灵感,为信息技术与英语学科的深度融合提供一些参考。

第一章　高中英语写作教学的现存问题

本章深入分析高中英语写作教学的现有问题，得出对高中英语写作教学的启示。

第一节　高中英语写作教学的问题

一、应试倾向导致教学的低投入、低产出

高中英语写作教学表现出投入低、产出低的特点。投入低主要表现在情感投入、行为投入和认知投入三个方面。(1)情感投入方面，调查发现，应对考试是写作教学的主要动机，写作教学目标多是出于应试需求，希望在考试中达到及格、平均分即可。学生还表现出较强的焦虑和回避心理，对英语写作存在畏难情绪。这表明学生对英语写作缺乏信心，同时也侧面反映出教师和学生未能深刻认识到英语写作学习的重要性；(2)行为投入方面，师生在英语写作教学方面的投入总体偏低。在时间上，教师安排的写作课时总体较少，教学内容和活动比较有限。学生也很少进行课外的自主学习，很多学生表示会在课堂上认真听讲，完成课堂任务，但在课下对作业和考试的投入比较低，一些同学甚至在平时的写作作业中和考试中抄袭、糊弄、部分完成或交白卷；(3)认知投入方面，教学中学生的主要认知活动为对教师传授的语言知识、模板等的理解和记忆，一些教师尝试指导学生将所学知识进行迁移、运用，但在实际应用中仍经常出现生搬硬套或仿写的情况。学生的写作学习策略多是根据教师要求，亦步亦趋地进行学习活动，几乎没有自主投入。与投入度低相对应，学生英语写作的产出质量也较低，具体体现在作文的质量上。作文常常充斥着词汇量小、语言过于简单抽象、准确性欠缺、内容缺乏新意、逻辑结构模糊等问题。很多学生除考试或作业外很少写作文，作文字数不能达到要求，还存在交白卷的现象。

许多教师的英语教学体现出较强的应试性、随意性。(1)在学习时间上，有的教师在每个单元会安排约一课时写作课，或不安排固定的写作教学，只是偶尔写一次或在考试前、考试后才进行；(2)在写作主题上，题目的来源多数来自考试题目，少数来自教材的单元内容。依据考试题目进行的写作教学包括某次考试后

的补救式教学,也包括为应对某次考试而进行的考前突击教学;(3)从教学资源看,语料类型和来源比较单一、总量较少。写作教学多采用文本类资源,尤以单篇的写作模板居多,也有少量选自教材的语篇、语段和优秀学生作文。对于教学资源的呈现和处理方式比较简单,多限于教师提供的文本型课件或板书,学生只进行抄写、记录,有的教师会印制成纸质材料发放给学生。虽然资源的载体不同,但主要内容都以英语文本为主,较少涉及图片、音频、视频等多媒体语料资源;(4)从教学过程看,一些教师会要求学生背诵模板、范文,教师进行抽查;有的教师会提示学生自主收集语料资源,但不会对资源进行深度处理;有的教师采取"放羊式"的教学,即在完成课堂授课后,由学生独立完成写作作业而不再提供写作过程中的指导;教师提供的反馈也较少,多对作文进行终结性评价,缺乏过程性、持续性、全面性的评价。

教师教学态度对教学、学生有深刻影响,英语教师的语言观、教学观对教学设计有重要作用。一些教师将英语写作教学看作语言知识的教学,关注语言规则的讲解和演练,强调英语写作教学的应试功能,一定程度上忽视了英语教学的育人价值和人文价值,忽略了多元化人才培养目标。这影响了学生对英语写作,乃至英语学科学习的认知,使学生未能体会英语学习的交际价值,反而过度关注应试技巧和语言规则,影响了内在学习动机的生成。教师教学的应试性和随意性是导致学生在写作学习方面学习投入度较低、学习成效较差的重要原因。

二、模板法割裂了语言形式和写作内容教学

模板写作法是高中英语写作教学的主流方法之一,多以课外教学资源或选自教材的语篇、语段或优秀学生作文为范本,进行模板式写作教学。模板法教学以对例文的解构、赏析、模仿为主,具体包括对单词的拼写格式、短语搭配、句式结构、语篇结构的表现形式等语言符号和语言规则的讲解,以及教授如何套用句型、文章结构等"应试技巧",并通过举一反三地类比、模仿和演练,使学生能够"依葫芦画瓢",模仿、套用范文从而产出一篇相似的文章。

学生对模板教学法可谓"爱恨交织"。有的认为借用模板可以帮助其快速完成一篇看上去"高大上"的作文,并在作文考试中获得相对较高的分数,是一种应对写作任务的捷径,一定程度上缓解了学生对英语写作的焦虑心理,且希望教师能够教授更多、更"万能"的写作模板,以应对更复杂的写作题目要求。然而,对

于模板的劣势,学生也深有体会:第一,模板语言的难度、长度影响学生对模板的准确理解和记忆;第二,模板的内容和结构会局限其应用的场景和话题,使学生陷入思维困境,难以灵活表达或进行突破、创新;第三,过度使用模板也造成了作文雷同、空洞现象,作文缺乏真情实感和原创性;第四,学生显示出过分依赖模板的倾向,懒于主动思考和动笔练习,阻碍了写作能力的进步,加剧了学生对英语写作的焦虑。虽然模板法在一定程度上受到部分学生认可,但学生作文文本中却极少体现出模板的痕迹,没有体现出相对固定的文章布局、较为复杂的句式结构以及明显的逻辑标记词等,很多学生仍然进行一种“想到哪、写到哪”的写作方式,可见被学生寄予厚望的模板并未发挥应有作用,学生对英语写作存在畏难情绪,自信心严重缺失。

那么,模板写作法失效的原因为何?模板写作法是模因论指导下的语言教学方法。该理论认为构成语言的词、句、段落等作为一种文化基因(或模因,meme),像生物学中的基因一样通过复制而被传播,因此语言学习者可以通过记忆、复刻和模仿,将语言片段传递到个人的大脑之中,从而学会新的语言①。模因论仅探讨了语言的从点到点、从点到面的传播机制,未探讨语言如何产生、发展和优化,因此基于模因论的写作教学法更适用于辅助词句和结构的复制与模仿,促进学生对词汇、短语和语法结构等语言片段的记忆,减少语际负迁移,提高输出语言的准确性和规范性,对学生整理写作思路、规划段落与篇章层次也有辅助作用。

但是模板法偏重如何正确且地道地表达内容,而忽略了作文传达的内容本身。写作的本质是用语言表达思想、阐述意义,是用书面语言将内在的思维进行外化的过程。因此,写作是思维内容和语言形式的统一,包含“表达的内容”和“表达的形式”两个要素。可见,语言与思维密不可分。如果学生的英语语言知识十分匮乏,则难以用英语对思维进行表征,从而严重影响思维表达的质量。反过来,如果学生写作时对主题内容的理解是肤浅的、混乱的,那么语言表达也不会深刻、清晰。因此,英语写作必须同时关注语言表达和思维内容。模板写作过分关注语言表达的方式和载体的形式,过分强调语言形式的应用、拓展和巩固,而忽略写作的内容和意义,轻视思维品质的培养,偏离了英语写作的初衷。

---

① 何自然.语言中的模因[J].语言科学,2005(11):62-63.

模板法所导致的重形式轻内容的学习重点也直接影响学生对写作学习和个人写作能力的认知。学生常常将英语写作理解为“连词成句”，认为充足的词汇、句型和语法知识等是写作的充分和必要条件，将“英语基础知识薄弱”，尤其是“词汇量小”和“语法不好”归结为英语写作的最大障碍。而反观学生作文可以发现，虽然诸如词形、语序等语言形式不准确的问题确实存在，但并未严重影响语义表达，也没有对读者理解文章内容造成障碍，换言之，学生用英语对思维进行表达的能力基本满足其表达需要，语言形式方面的不足并非学生写作能力偏低的主要原因。过多的对语言形式的关注导致对写作内容的忽略，学生构思写作内容和输出文本的过程多以考试或作业形式独立完成，写作内容的确定常常只依靠自己对写作话题的已有认知，教师几乎不参与写作内容的生成、组织和修改，学生之间也极少对写作内容进行讨论和评价，学生很少有加深认知理解、拓展写作思路、深入思考文章逻辑的机会。从结果看，学生作文未体现出对写作内容的指导，也难寻高阶思维训练的痕迹，作文内容空洞、冗余、雷同，充斥着对现象的简单罗列。此外，学生作文还存在因果推断错误、底层逻辑混乱、交际目的模糊、意义孤立、文章架构不清等问题，缺乏辩证思维和逻辑思维。

模板写作法在培养应试技巧、规范语言表达形式和降低写作焦虑方面有一定优势，但过分关注语言形式而忽略写作内容，导致英语写作流于表面的语言功夫，忽略写作内容的本质问题，疏于思维品质的培养，从而引起学生作文语言较为简单、内容缺乏广度和深度、组织结构欠佳等问题。模板法还引起学生对写作学习困难和个人写作能力的认知偏颇，错误地将词汇、语法等基础语言知识的不足归为写作困难的关键因素，导致英语写作学习效能感和信心缺失，焦虑和排斥心理加剧。

三、教学活动设计使“教写脱钩、学用分离”

高中英语写作教学一般遵循两种模式——“先教后写”和“先写后教”。“先教后写”模式一般结合课文或范文，通常是先进行细致的文本解构、赏析后，要求学生结合讲解内容独立完成作文课后作业。“先教后写”的教学模式从教师出发，本质上是一种以教师为中心的教学。学生学习严格按照教师的预设进行，教学内容通常是教师提前准备的词汇、句式、范文、模板、习题等，教学活动是对教师预先准备的教学内容的理解、记忆，以及对去语境化的语言知识点的反复练习。与之相反,“先写后教”一般是基于考试作文题目的写作教学,即学生根据题目要求进行限时自主写作后,再进行反馈式教学,针对学生的共性问题进行针对性讲解,教师教学是在对学生作文的分析基础上进行的,一定程度上做到了从学生实际情况出发,开展以学生为中心的教学。

以上两种基本写作教学模式分别体现了“以教为主”和“以学为主”的教学策略,各自体现出优势与不足。但是二者存在“教写脱钩、学用分离”的情况,即写作教学行为和学生写作行为相互脱钩,学生所学内容和所用内容没有充分对接。无论是“先写后教”还是“先教后写”,教的过程几乎全部在课堂时间完成,而写的过程几乎全部以课后作业或考试形式完成。在课堂上,学生的学习活动主要包括对特定语言现象的识别、抄写、背诵、翻译、仿写。此类活动属于认知层级较低、难度较小的认知活动。虽然课堂活动也有对句型或篇章结构的运用,或对某些语言片段进行评价、判断等,此类活动仍然是重复性和机械性地套用和基于固定答案的、非开放式的反复演练,本质上仍然是低阶的知识记忆训练。而在课后或考场之上,学生通常独立完成写作输出,写作过程一般包括简单规划——撰写草稿——写答题卡三个阶段,作文从内容到形式几乎完全依靠学生独立撰写,在过程中几乎没有教师和同伴对写作过程的支持和指导,成文的过程中老师并不参与,虽然教师有时会将作业安排为小组任务,但很多教师不参与小组成员间的分工,对于组内活动也不做跟踪,因此小组合作学习沦为形式,写作任务仍然由组内个别能力较强者独立完成。

写作是复杂的认知过程,是思维从模糊到逐渐清晰,并转变为语言的过程。为完成这一活动,学生需要在充分理解所学知识的基础上将知识迁移,将新信息与自己的经历有机结合,参与更复杂的逻辑思考、做出理性价值判断,综合运用到新情境中,才能达到学为所用、学以致用,写出流畅优美、逻辑清晰、内容丰富、有深度、有创新的文章。相较于课上的以输入为主的语言学习活动,课下的写作是以输出为主的语言运用活动,是将语言知识进行内部重构,形成新的认知结构并进行迁移、运用的过程。该过程包含了分析、比较、判断等一系列布鲁姆教育目标分类中的高层次认知活动,具有较高的难度和复杂度。因此,恰恰是课下的创作阶段要求学生付出更高的智力劳动,也更需要教师为学生提供写作的支架。然而在实际教学中,这一复杂的创作过程并未得到教师的关注。由于缺乏对写作内容的讨论和指导,学生无法对自己的思维进行及时的交流和深化,常常出现无话可说、啰唆冗余、逻辑混乱等情况;由于缺少对语言知识迁移运用的支持,学生不能对语言进行及时的修正或改进,语言表述低级、生搬硬套等。更为突出的是,写作支架的缺失无形中提高了学生对英语写作的感知难度,造成了学生的畏惧心理,进一步影响了写作学习的动机和信心。

四、评价方式不当影响教学效果提升

学生英语写作的评价体系存在严重依赖教师评价以及评价标准失之偏颇等问题。当前对学生作文的评价多是由英语教师独立进行,教师评价受到学生的信任。相对而言,同伴评价中由于学生自身语言能力限制和对互评活动缺少指导和监管,学生互评未取得实际效果,甚至沦为学生间的玩闹。而教师作为单一主体的评价方式为写作评价带来多重影响:(1)较大的班级学生数量为教师批改造成了较大的负担,影响了写作评价的次数和时机。学生的作文通常只能得到一次教师反馈,且评价滞后,影响了反馈的时效性;(2)教师的主观因素很大程度上决定了写作评价的标准。教师评价标准比较集中在语言准确性和卷面整洁度两个方面,其中对语言准确性的评价以对词形、句法的纠错式批注为主,常常导致学生作文"红一片"。还有的教师以字体是否优美、书写是否工整为主要标尺,将评价标准单一化、绝对化;(3)由于教师评价的工作量较大,导致对学生作文的个性化反馈不足。教师追求速度的评价以及针对学生作文共性问题的集体反馈,不利于学生深入了解自己作文的问题。虽然"面批面改"可以很大程度上改善个性化评价缺失的问题,但这样的机会很少。有的教师对学生作文只是赋予一个分数,有的教师则仅针对课堂教学重点进行批改,例如某特定目标句型的使用是否恰当,还有的教师会针对学生共性问题进行集体反馈和讲解。

除教师批改外,有教师尝试组织学生进行同伴评价,但学生对此方式并不认可,原因有三:(1)学生从主观上对自己和同伴的语言能力不信任,认为学生的语言能力不足以成为评价者;(2)客观上,学生的英语水平和作文评价能力不高,不能较好地理解他人的作品,从作文的形式和内容等方面都无法发现问题或给予建议;(3)缺乏对学生互评的指导和规范,学生没有形成对评价标准的清晰认知,教师对互评活动缺乏监管,使学生互评无效化、低效化。

作文反馈方式的不当也是学生对写作学习存在认知偏差的重要原因。首先,教师反馈的低时效和低频次导致学生对作文反馈的关注度和理解度下降,使得作文批改流于形式，未能起到反拨作用。第二，针对语言准确性的全面纠错式批改影响学生英语写作的自我效能感及信心的建立，学生看到满篇的语言错误后自信心受挫。而出于对教师权威的信任，学生对教师的纠正批注结果通常是“无脑接受”，错失了深入思考错误的原因和改进方法的机会。第三，作文评价标准的偏差还导致学生对写作困难的“归因理解”出现偏差，继而影响学生写作学习策略，将学习重点放在增加词汇量、学好语法、练好字等方面，夸大了语言形式对语言表达的作用，忽略了英语语言的跨文化交际价值，轻视了培养学生逻辑思维、批判性思维等高阶思维品质的重要性。

对上述写作评价体现出的问题进行反思，笔者认为造成反馈方式不当的主要原因在于一些教师的写作教学目标失之偏颇。根据建构一致性理论（Constructive alignment），评估学习效果的评价任务应与课程的预期学习成果、实际发生的“教与学”的活动一致。高中英语写作教学较强的应试取向与教师的教学目标和评价方法有关。目前，对英语写作能力的评估多以学生在有限时间内就指定题目进行的即兴写作文本为依据。因此，一些教师的应试化教学目标导致其教学活动中存在大量以语言形式的学习和套用，作文评价标准简单参照考试作文评价标准中的易于观察、易于测量的指标，即语言错误数量、书面工整程度、作文长度等显性指标，同时遵循与考试作文评价相似的标准和方式，将写作评价的主体局限在教师身上，用考试中的终结性赋分制作为日常作文评价的主要方式。这种评价方式只根据文章最终呈现的样态评估学生的写作能力，而对写作的过程、作者为之付出的努力，甚至是否为作者原创等没有反映。出于此种原因，以考试作文作为评价学生写作能力的主要依据受到许多质疑。

第二节　对高中英语写作教学的启示

一、制定多元、长期的写作教学目标

普通高中英语课程具有重要的育人功能，旨在发展学生的语言能力、文化意识、思维品质和学习能力等英语学科核心素养，落实立德树人的根本任务。英语教师的教学理念应从学科知识为本向学科育人为本转型，纠正英语写作教学的应试倾向，将教学目标综合化、长期化、多元化。在英语写作教学中，教师关注多元教学目标培养，围绕写作主题的深层认知、态度和价值判断，结合学生的认知逻辑、生活经验等教学现实，合理创设贴近学生真实的学习、生活场景的主题情境和交际任务，将对多元能力的培养目标有机融入写作教学之中。

英语写作教学中，教师要加强对学生情感因素的关注，加强对学情的分析，充分理解学生写作困难和学习需求，激发学生对英语写作学习的兴趣和内在动力。教师还要通过合理调整写作课时比重、增加写作教学频次与时长等方式，提高学生对写作教学的重视程度，增加学生在写作学习方面的投入和产出。教师还要在课上课下给予学生充分的关注和互动，让学生体会到更多的英语写作学习收获感和成就感，从而提升学生学习的满意度和自信心。

二、兼顾写作教学的语言形式与内容

高中英语写作教学的教学内容设计必须以我国的教育方针和课程标准为前提，结合学生的现实需求和能力水平，兼顾学生的个性化差异。英语写作教学内容要依托优质且适用程度高的教学资源，创设具有跨文化交际意义的语境，重视完整的主题意义，从不同的角度对语言进行深度解析。教师应灵活运用信息与通信技术，筛选、设计和使用符合学生认知特点和语言水平、内容丰富、针对性强的优质语言教学资源，尤其是能够调动学生多重感官的数字化语料资源。教师还应指导学生建立语料收集策略，以点带面，锻炼学生对不同语料资源的甄别和判断能力，提升其思维品质。

英语写作教学应平衡对语言形式和写作内容的教学。对于语言形式的教学需要超越对“零散”语言知识的过度关注，改变“去语境化”的机械记忆和反复套用的教学活动，减少对表层语言形式知识的直接考查，而要有效依托主题语篇，帮助学生在语境中理解语言项目的表达形式、基本含义、应用场景和语用功能等。要将语言形式的学习纳入意义探究和解决问题的过程中，以更上位的角度将知识点纳入完整的知识体系当中，帮助学生建构连贯、系统的知识体系。与此同时，写作教学要深入探寻写作的内容本质，通过广泛搜集语料资源、组织学生集体研讨、设计批判创新等高阶思维训练活动，促进学生对写作话题内容的深入理解，从而明确交际目的、拓宽写作思路、厘清写作逻辑，做到以写作内容服务写作目的，以语言形式表现写作内容。

三、创设层级递进的语言学用活动

英语写作教学应该同时关注教师“教的活动”和学生“学的活动”，在充分发挥教师的引领作用基础上，突出学生的主体地位，基于学生立场设计教学活动，实现学生对知识的自主建构。要设计一系列丰富多样、逻辑相关、难度各异的语言学用活动，参考布鲁姆教育目标分类法，设计包括识记、理解、运用、分析、评价和创新的思维层级递进的学习活动。通过设计事实性问题，促进学生对基础信息和概念的理解和记忆，适当降低写作学习起步阶段的难度，减少学生英语写作时的焦虑感。继而加入认知难度更高的解释性、评价性的学习任务，提出贴近学生生活实际的现实问题，建立语言应用的实际需求，促进学生利用更复杂的语言进行有意义的语言交流，深入探讨观点，开展评判思考，形成写作学习策略和方法。

在教学活动中，教师还要合理搭建教学支架，指导复杂写作任务的完成。教师要科学地设计难度略高但符合学生当前认知水平与认知阶段的学习任务，时刻关注学生学习情况，适时地为学生提供认知支架和情感支架，引导学生逐步进入写作情境，克服写作困难，帮助学生完成阶段性任务，实现能力的跨越和自主学习能力的提升。教学中还要重视学生与同伴之间的互助作用，鼓励学生互相指导、共同进步，合理规划小组合作学习任务的类型、难度和流程，明确小组成员角色和责任，加强对合作学习过程和结果的指导和监管，不能为了追求互动而忽略合作学习的功能和效率,致使学生合作学习流于形式。

四、促进写作的即时反馈与多方共评

对英语写作的评价应基于语用情境和交际需求,制定涵盖多个维度的作文评价标准,综合考查学生运用英语完成交际任务、达成交际目的的能力。写作教学中还应重视评价"教与学"的反拨平衡作用,做到"以评为学、以评促教",将过程性评价与结果性评价有机结合起来。即时的过程性评价为教师调整教学进度、掌握教学节奏提供参考,延时的结果性评价用于评估学生阶段学习成果和学业表现,确定学生的写作能力发展水平,为制定后续写作教学目标提供参考。

对写作的评价需协同多方评价主体共同进行,各主体根据自身水平和能力优势开展不同维度、方式的评价。教师评价应突出整体性和激励性,要全面把握教学目标,从作文整体立意、交际任务完成、语言知识运用等多个方面整体评估学生表现,要对学生的共性突出的问题进行重点点评和指导,给予学生学习和情感的双重支持。写作教学评价还应引入数字化评价方法和工具,减轻教师的批改负担和学生心理压力,规避评价标准单一、主观性强、评价滞后等问题,形成更具个性化、更公平和时效性更强的写作评价方式。同伴互评则是基于"以评促学"和"以评为学"理念的学习策略,激发学生对写作学习的反思,促进对知识的内化和联通,从而实现深度学习。

第三节　本章小结

本章认为,学生写作困难的具体表现和成因有四个方面:(1)学生在英语写作学习方面投入低、产出也低,这主要源自高中英语写作教学目标的偏颇,尤其是应试倾向;(2)学生对常见的模板写作教学法“又爱又恨”,究其根本是该方法过度强调语言形式,忽视了对写作内容的教学;(3)写作教学中,教师的“教”和学生的“学”脱钩,语言学习与运用相互分离,这主要与写作学习活动认知要求偏低,缺乏写作支持有关;(4)写作反馈存在过度依赖教师,反馈不足等问题,这与评价标准不当、个性化评价缺失、评价的反拨作用受到限制有关。基于以上分析,本章提出了高中英语写作教学的策略:(1)教学目标方面:要制定多元、长期的教学目标,关注学生写作学习的情感态度;(2)教学内容方面:应依托丰富教学资源开展,兼顾写作教学的语言形式与思维内容两个方面的教学;(3)教学活动方面:要根据布鲁姆教育目标分类理论,创设层级递进的学习活动,搭建写作认知与情感支架,促进学生能力的提升;(4)教学评价方面:要促进诊断性、过程性和结果性的持续评价,开展作文的多元主体共同评价,从而实现写作评价的减负增效。

第二章 混合学习环境下高中英语写作教学的态势分析

《教育信息化十年发展规划(2011–2020)》开篇引用了《国家中长期教育改革和发展规划纲要(2010–2020年)》中首次提出的"信息技术对教育发展具有革命性影响,必须予以高度重视"这一观点,并以此作为《规划》制定与实施的总纲①。信息技术与学科教学深度融合在国家层面受到了重视,在实际教学中却出现某种意义上的"滞后"。本章聚焦混合学习环境下的高中英语写作教学,结合"SWOT态势分析法"对其进行分析并提出具体应对策略。

① 中华人民共和国教育部.教育部关于印发《教育信息化十年发展规划(2011–2020年)》的通知[EB/OL].(2012-3-13)[2022-12-12].http://www.moe.gov.cn/srcsite/A16/s3342/201203/t20120313_133322.html.

第一节　优势分析

混合学习环境下高中英语写作教学的内部优势主要体现在五个方面:课堂教学的情境性、课外学习的泛在性、教学属性个性化、学习模式多元化、资源的丰富性与可获得性。

一、课堂教学的情境性

在高中英语写作教学中,教学设计往往扮演着重要角色。教学设计的基本前提在于运用系统的方法,以教学理论和学习理论为决策依据,进行解决问题的过程。教师在课前设计时,就可以综合运用信息化教学理念与工具,基于学生的认知水平和认知规律,进行比较全面和系统化的考量,并要考虑到实际因素,利用信息化教学手段,搭建"情感支架"与"认知支架",帮助学生尽快进入学习状态。

除对教学对象、教学目标的综合分析之外,混合学习环境下英语写作教学情境构建的优势还体现在创设接近真实的场景、借助网络多媒体资源积累话题语料和素材等多个方面。高中英语写作题目多建立在学生熟悉的真实场域中,要求学生完成一个跨文化的交际任务,这体现写作用于沟通交流的本质属性。教师可以根据语言交际的实际情境,在课前利用"Camtasia、BRVideo Converter"等视频录制和剪辑工具,制作简易微视频辅助教学,或者利用"Prezi、Articulate"等软件进行课件制作,将文字型输入变成多媒体型输入,以多元化的内容呈现形式对原本以导学案为主的教学材料进行丰富和补充,使学生在知识与知识之间建立有意义的节点,形成自己的认知框架和理解路径,在经过信息加工之后进行存储,便于以后随时对其进行提取与再加工,夯实知识的实效性与可用性,将知识真正转化成能力。美国教育家杜威倡导的"三中心",即以现代化、生活化的教学取代传统的课堂讲授,以学生的亲身体验代替书本知识,以学生主动活动代替教师的主导。混合学习环境下英语写作教学的情境属性努力创设一个真实的交际环境，培养学生的沟通知识、技巧和能力。除此之外，情感、态度与价值观等更高阶的能力也会在“教与学”的实际过程中得到锻炼。

二、课外学习的泛在性

当今社会，移动学习已经成为一种趋势。“时时、处处、人人”的泛在式学习，与通信设施的快速更新迭代，共同为英语学习的泛在性提供了可能。学习者不再束缚于课堂的学习时间，而是可以将学习时间进行延展，多种学习方式融合成为主流。英语写作教学的基础，即语言学习，包括词汇、语法、句法等等，都可以通过移动泛在式学习进行碎片化地梳理与掌握。作为“数字原住民一代”与“APP一代”，学生更倾向于通过网络搜索引擎非线性地获取信息与数据。词汇的识记可通过“百词斩”“爱单词”等软件随时随地进行，语法可通过“每日语法练习”“NoRedInk”等游戏化的方式进行。借由互联网学习者可以轻易地获得不同年代不同地区的外语新闻、文学故事等各类信息，还可通过网络论坛、实时交互软件等进行同步或异步的交流，实现语言的双向传递，促进语言的学习。乔治西蒙斯的联通主义理论很好地解释了这种现象，泛在性的学习根植于第四次工业革命与信息化的快速发展，知识不再只存储于学习者的大脑中，而是存储在任何地方。获取知识的过程，类似于认知信息加工理论从长时记忆中提取工作记忆，未来学习者的角色需要的能力更多在于创新、创造，而非记忆与背诵。人工智能与教育结合的大背景也使得学习者突破简单的知识了解与掌握，还要将高阶思维能力与深度学习相结合，否则学习者未来极有可能被人工智能与机器学习所取代。

三、教学属性个性化

伴随着大数据时代的到来，学习分析与大数据的结合为教育带来不一样的视角。“科大讯飞”开发的“智学网”就是高中教学方面学习分析的佼佼者。该平台提供的教学监管、测验报告、精准教学可对学生的写作答案进行分析，细化到具体的语言点，提高知识点“粒化”程度。例如，通过数据面板分析，教师可以提高对系统提示的共性问题的关注度，班级、年级、学校数据虽样本量有限，无法称之为大数据，但量化的统计和可视化的展示仍可较为方便地了解学生学情，掌握学习动态。同时,教师还会发现学生的个性化问题,针对此类问题更适合精准教学,例如通过小组内或"一对一"个性辅导,或指定由该内容掌握较好的同学协助同伴,促进知识的内化,使双方都受益。

此外,混合学习环境下还可进行自适应学习,学生针对自己的学习分析数据,利用相应的学习支撑环境、实例或场域,自己在学习中发现总结,最终形成概念框架并能自主解决问题,如"句酷批改网""The Writing Roadmap"等智能批改工具基于大数据和人工智能技术,模拟教师对学生的写作逐句批改,提出修改意见。不仅如此,部分系统还可针对该生习作中出现的问题,推送相关示例和习题等,大大提高了学生的个性化学习效果。

四、教学模式多元化

混合学习环境下的英语写作教学可采用多元化的教学模式,包括且不限于基于项目的教学、探究式学习、基于资源的教学、基于产出导向法的教学等。混合学习环境融合线上线下、同步异步的教学,使多元化的教学模式更具备可操作性,对不同学习程度的学生进行有针对性的教学设计,鼓励"做中学"与"知行合一",是一种理论与实践的结合点。

英语写作目前存在学生动机缺失、观点雷同、无话可说等问题,究其根源是学生对话题了解不够深入、信息储备不足、观点交流不畅。混合学习环境下,师生可以充分利用互联网,在课内和课外时间深入挖掘写作主题相关内容,利用网络词典、问答论坛、电子语料库等核准和丰富表达方式,不同小组可选择不同写作角度,小组人员可按需进行分工,通过信息技术增强学生对英语写作教学的期待,使"要我学"成为"我要学",使学生真正成为学习的主体。

五、资源的丰富性与可获得性

2001年,麻省理工学院启动了开放课件项目(OCW)。2002年,联合国教科文组织(UNESCO)对开放教育资源进行了概念界定,即:开放教育资源是指以任何媒体形式(数字或其他形式)提供的教学、学习和研究材料,这些材料属于公共领域,或以开放许可证的形式发布,允许他人在不受任何限制或有限限制的情况下免费访问、使用、改编和重新分发。开放教育资源包含整门课程、课程材料、模块、教材、流媒体视频、测验、软件以及支持获取知识的其他工具、材料或技术。

目前,国际知名大学对开放教育资源的使用已经越来越成熟,相关的理论研究和实践研究成果丰富。

混合学习环境下的高中英语写作教学可以参考并使用这些资源,丰富教学的深度与广度,拓宽学生的知识面。英语写作教学相关的国内开放教育资源平台诸如“嘉兴英语网”“中学学科网”很好地践行了非营利与开放的目的,任何人都可以直接下载相关教学资源。国外的开放资源更是为外语学习提供了巨大的拓展空间,如多个机构提供的“MOOC资源”“TED演讲”等。此外,很多互联网免费工具也是一种可利用的资源类别。如将思维导图制作相关软件、概念图绘制软件、PPT优化软件等引入英语写作教学实践,可以更好地帮助学习者厘清作文的脉络与逻辑,加强语篇连接词使用的规范性,甚至标点符号的合理性。

第二节　劣势分析

混合学习环境下高中英语写作教学的内部劣势主要体现在三个方面:教师信息化教学意识欠缺、教师信息技术运用能力较低、教师信息化教学知识储备不足。

一、教师信息化教学意识欠缺

在高中英语写作信息化所面临的困难与挑战中,教师信息化教学的意识欠缺问题可谓首当其冲。这种态度上的漠视不仅仅存在于英语教师本身,还遍布于宏观与中观层面,不可毕其功于一役。作为社会信息化的基础组成,教学信息化的实现离不开教师混合学习环境下教学能力的提升。信息化社会中,教育的思想观念、教学内容、教学方法都发生了变革,信息化社会对教师的知识体系和能力素质提出了挑战。在混合学习环境下开展教学,教师遇到的挑战包括:(1)时间缺乏,无法抽出时间参加培训或准备多媒体教学资源;(2)信息化教学的信心不足;(3)之前运用信息技术进行教学遭遇过失败;(4)担心因教学失败而在学生和同事中产生消极影响;(5)疏于对教学方法进行改进;(6)觉得信息技术过于复杂、难用。由此可见,中学英语教师存在信息化教学意识欠缺的问题。

二、教师信息技术运用能力较低

尽管在“后疫情”时代,高中英语教师的信息技术运用能力得到提升,但在师资和技术力量相对薄弱的农村学校,要培养高信息素养的学生,没有信息技术运用能力强的教师的参与是不可能实现的。面对教育信息化以及教育数字化转型,高中英语教师的信息技术运用能力水平参差不齐,比如有的年龄较大的教师不能高效地将现代教育技术手段应用于教学当中,或者不能很好地整合信息技术与其他课程,也不能应用新的教学模式来适应现代化教学的需要。就技术能力而言，当前高中英语老师还存在诸如信息技能水平整体较低、教育技术应用能力不强、学校提供的信息化教学设施利用率不高等情况。

三、教师信息化教学知识储备不足

高中英语教师的信息化教学知识存在储备不足的情况。良好的信息技术基础知识是进行信息化教学的根本，虽然大部分年轻教师在大学期间进行过信息化教学的理论和实践训练，同时也掌握了一定的能力，但是这属于教师发展的虚拟关注阶段。现实教学中，由于各种各样的因素影响，大部分教师不能够切实使用信息化技术，如果一年不使用该技术，很多教师可能会忘记使用方法。相应的，老师的信息知识水平较低、互联网安全意识不强、知识结构不合理等，也是教师信息化教学知识储备不足的重要影响因素。

第三节　机遇分析

一、政策支持

信息技术的迅猛发展为社会发展的各个领域提供了机遇，尤其是社会生活、经济建设、科学研究、文化发展等等。为发展信息技术在教育教学中的应用，我国陆续出台了一系列相关政策与文件，如《教育信息化"十三五"规划》提出，要完成"三通工程"建设，全面提升教育信息化基础支撑能力，大幅提升信息化服务教育教学与管理的能力，有效提升数字教育资源服务水平与能力等。《教育信息化2.0行动计划》提出开展数字资源服务普及、网络学习空间覆盖、数字校园规范建设、智慧教育创新发展、信息素养全面提升等多项行动。《教育部关于实施全国中小学教师信息技术应用能力提升工程2.0的意见》提出推进中小学教师信息技术应用能力、推进教师培训、服务教学改革、打造信息化教学创新团队、引领未来教育方向等。

在"互联网+教育"的大趋势下，混合学习环境在英语学科教学的重要性日益凸显，信息技术的发展为教育教学的发展与改革提供了新手段与新支持，混合式学习为学生的个性化学习、深度学习提供了有力支撑。国家层面，近些年来文件与计划密集出台。结合国内外通信传播技术更新迭代速度，可以预见，未来英语信息化教学会成为主流。

二、技术创新

移动互联网、云计算、大数据、虚拟现实、人工智能等现代信息技术改变了人类的生产生活方式，同时加快了高中英语写作信息化教学的发展进程，影响了高中英语写作教学模式、方法和评价方式，越来越多的高端新兴技术和开放的学习平台可供高中英语教师选择，引导教师开发高质量的网络课程，建设丰富的学习资源，开发相应的学习活动，探索课堂教学方式的变革，提升课堂教学效率，优化课堂教学效果。信息通信技术促使高中英语写作教学与学习环境发生了巨大变化，教师教学能力也从传统面对面环境到逐渐融入了在线学习、分布式学习和混合学习等情境特征，使得教学能力的内涵进行了扩充。特别是混合学习环境下的高中英语教师开展写作教学不仅仅是在教学方法层面叠加技术，更要考虑面向多元化的学习环境开展技术与教学的融合式应用。当前教育数字化转型更促使人工智能、大数据等新兴技术与传统产业结合，教师要面对更加智能的学习环境，这就使得高中英语教师教学能力的核心要素、框架和标准都需要做出相应的调整。

第四节　威胁分析

英语学科信息化教学近年来呈现“跨越式”发展,从基础设施建设、数字化校园建设、校园局域网、学习管理系统的搭建,到思考如何解决资源共享,为什么教师信息化教学容易出现“单打独斗”等现象,是当前亟待解决的问题,可以归纳为以下:

一、信息化教学“孤岛现象”

高中英语写作教学由于其需要大量时间进行练习和批阅,所以并不适合公开课、示范课的讲授。教师和学生在一个课时难以面面俱到,而参与研讨的教师也存在“吃不饱”的问题,即参加工作或者培训时,对写作教学应采取的方案和理念不甚了了。同时,在一些单位,信息化教学的任务一般落在青年教师身上,这个群体的教师对信息技术和教育的整合比较擅长,也乐于投入时间和精力。固然有一部分教师在这方面是佼佼者,但是总体占比不大,并且无法发挥足够的辐射作用。造成英语写作信息化教学的教师无法形成学习共同体,形成“信息孤岛”。

二、英语信息化写作教学培训体系不完备

目前国内针对中学英语教师信息化教学能力的培训,做得比较好的有上海外国语大学、西安外国语大学等。课程设置偏向教学改革、教育方法理论、教学设计技能、“听说读写”的知识传授。信息化教学培训比较少,而这方面的任务通常由学校的信息技术职能机构承担,面向全校教师。这样,就导致教师真正想听的东西没有细化,而听到的东西往往是“通用版本”,并没有做到边际效用最大化。如何对中学英语教师的信息化教学能力进行培训,或者更进一步包括中学英语写作的信息化教学的单元模块,这是外部挑战之一。

三、教学行政机构的政策的影响

2018年8月，教育部等部门联合印发《综合防控儿童青少年近视实施方案》（以下简称《实施方案》）。《实施方案》提出，严禁学生将个人手机、平板电脑等电子产品带入课堂[①]。随后，各地教育主管部门也纷纷发布类似政策。混合学习环境下的英语写作教学的重要支撑之一在于学生的移动学习终端，目前来看，高中英语的混合式教学仍然比较依赖于教育管理部门的顶层设计，而来自教育行政机构、学校、老师、家长的声音，都在对移动学习终端持有怀疑甚至否定的态度。这种立场在当下的以考试为指向，强调效率优先的中学学习环境下有很大基数的拥趸。

① 教育部等八部门．教育部等八部门关于印发《综合防控儿童青少年近视实施方案》的通知[EB/OL].(2018-8-30) [2022-12-12]. http://www. moe. gov. cn/srcsite/A17/moe_943/s3285/201808/t20180830_346672.html.

第五节　基于态势分析的应对策略

基于以上对混合学习环境下高中英语写作教学“SWOT态势分析”，本节提出以下高中英语写作教学的应对策略。

一、顺应混合式学习形势，把握教学数字化转型机遇

依靠内部优势，利用外部机会。混合学习环境下的高中英语写作教学的优势体现着“时时处处事事”的学习思想，尤其擅长于创设基于情境的英语教学方法。信息技术的发展为高中英语教学带来更好的契机，能够帮助教师达到教学目的，并更有效率、更创新地使用教学技术、教材、教具和教学辅助材料，从而更有效地提升学生运用英语沟通的能力，指导他们为未来的学习做好准备。此外，随着全球化进程的加快，国家地区之间交流距离的拉近，社会对国际化人才的需求也日趋增多。学校的培养目标也越来越倾向拥有国际胜任力的人才，这也是高中英语写作教学的目标。我们应顺应形势，把握机遇，依托信息化教学的大潮流，登上信息化教学创设的国际化舞台。

二、增强自身信息化教学水平，进行教学科研的自我赋能

依靠内部优势，回避外部威胁。面对混合学习环境下英语写作教学的诸多外部威胁，教学必须打破“信息孤岛”，实现信息的共享，增加教师之间的交流。信息化教学支持工具的广泛使用，使信息化教学不再是少数教师的专利，其逐步形成了显性的和隐形的教学共同体。通过教师工作坊等平台，增强教师与教师、教师与教学系统设计者、教师与教师培训组织方的交流，突出教师对英语写作信息化教学的主导性，并协调各利益相关者，共同优化教育教学策略。教师应增强自身的教学研究能力与水平，并为高考写作命题工作提供优化建议。

三、畅通教师终身学习渠道，积极拥抱“互联网+教育”

克服内部劣势，利用外部优势。混合教学环境下高中英语写作教学内部劣势较为突出，如教师信息化教学态度、意识、技术能力、知识素养等方面。这些系统内的劣势不仅仅有教师本身的因素，也有学校的因素。写作教学需要唤醒学生的创作欲望，并与之前的积累产生共鸣，将外界的情感刺激、认知刺激与学生自己的内心世界产生联结。教学过程中，尤其需要注意学生个性和内在精神的外部表征，倘若学生积累不充分、对外界知识匮乏，那输入会影响输出。“互联网+教育”时代可以丰富课堂教学情境，教师通过线上、线下混合教学模式将学习目标、学习任务、学习材料等提前告知学生，学生就可以在网络上进行自我学习。同样，信息化时代，教师一方面可以利用网络上丰富的开放教育资源进行备课，也可以通过一些开放课程来自我提升，进行终身学习。

四、实施个性化、精准化教师发展模式，多方协作提升教师教学能力

克服内部劣势，回避外部威胁。首先，可以从兼具适切性和实效性的教师培训入手，提升高中英语教师的混合教学意识与能力，培训混合式课程的整体设计，聚焦具体教学问题，针对性强化信息技术应用于教学的能力。第二，努力培养学生信息化时代的适应能力和创新能力，“不唯考试”“不唯分数”，而是以核心素养与胜任能力的形成为教学目标，抓住核心问题，其余的问题也会迎刃而解。第三，学校建立起支持英语教师信息化教学的长效机制，可以通过学科竞赛、公开课展示、教学设计评比、说课大赛等活动实施。通过“榜样引领”、专家的参与评价、学校的奖励激励共同形成可持续机制，促进信息化写作教学资源的“共建共享”，形成可供推广和借鉴的经验。

第三章　高中英语写作的产出导向法教学总体设计

本章通过系统回顾产出导向法和信息技术与课程整合理论的发展与特征、内容与优势，从理论层面分析混合学习环境下基于产出导向法的高中英语写作教学的可行性和必要性，尝试提出教学设计的基本原则、设计框架和实施流程，并为后续开展实践教学做准备。

第一节　教学设计的理论依据

一、产出导向法理论

（一）理论内涵与发展

产出导向法理论内涵包含教学理念、教学假设以及教学流程（图3-1）[①]。

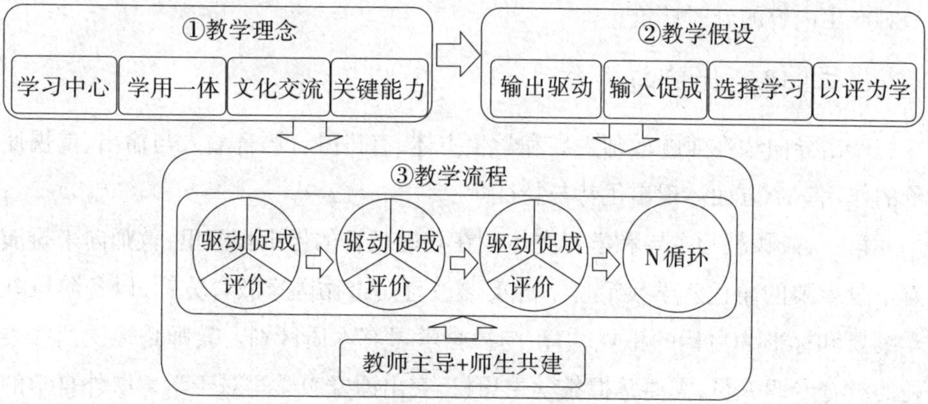

图3-1　产出导向法理论体系

产出导向法教学理念部分包括“学习中心”“学用一体”“文化交流”“关键能力”。“学习中心”强调教学活动的终极目标在于服务学生的学习，既重视学生作为学习主体的学习需求，又强调教师在教学中的引领、主导作用，这是一种关系论视角下的总结。“学用一体”主张学生在语言学习中输入和输出的交织融合，提倡输入语料资源的学习要对接输出需求，做到学以致用。“文化交流”指明学习语言的功用在于促进国际交流与理解，促进文化间的尊重、学习与合作。“关键能力”强调对于不同的授课对象，要进行相应的关键能力的培养。教学假设由教学理念所引领，为教学流程提供支撑，包括“输出驱动”“输入促成”“选择学习”“以

① 文秋芳.产出导向法:中国外语教育理论创新探索[M].北京:外语教学与研究出版社,2021:45-46.

评为学”。“输出驱动”认为，学生会因为尝试语言输出时遇到困难而产生学习的动力，所以应为学生提供“知不足”和“知困”的机会。“输入促成”指输入要为明确的产出目标服务，通过针对性、可学性、促成性的语言输入实现与输出任务精准对接，促成输出的顺利完成。“选择学习”认为，以目标为导向的重点学习可以更好地提高效率，减轻学生认知负荷。“以评为学”主张学习与评价需要有机结合，评价是学习强化和升华的关键节点，是教学循环链中必不可少的环节[①]。

教学流程主要由“驱动”“促成”“评价”组成若干循环链，每个环节包含具体的教学步骤和教学要求。“驱动”环节引导学生尝试完成任务，产生“饥饿状态”和学习欲望，明确学习目标和产出任务。“促成”环节是针对产出需求进行补足的过程，可按照内容（ideas）、语言形式（language）和话语结构（discourse structure）分别促成。“评价”环节包括对促成活动过程中对学生行为和学习产出的即时评价和对产出内容的延时评价[②]。

（二）理论优势与特征

产出导向法在兼顾教师主导和学生主体、有机融合语言输入与输出、重视评价的作用三个方面体现出优势与特征。

第一，兼顾教师主导和学生主体。在我国教育的历史长河里，教师向来扮演着十分重要的角色。学校情境下的英语教育是遵循国家教育方针，以各阶段教学纲要和标准为目标的正规教育，与社会学习有本质区别。教师是接受国家委托的教育专职人员，需要掌握教学主导权，突出课堂教学相对于学生课外自学的优势。但是过分强调“教师中心”会使教育教学归于“知识本位”的认识论视域，可能导致写作教学偏离学生的认知水平和发展需求，教学的收益被削弱，甚至可能产生负效用。与“教师中心”相对应，“学生中心”可以溯源到杜威的“以儿童为中心”的理念，认为要把儿童当作太阳，学校教育要以太阳为中心展开[③]。教学关注学生的真实需求，学生以更加积极主动的面貌参与到学习实践中，教学重心从语言本体转向学习者主体，关注影响学习者的内外部因素、学习者的心理过程

① 文秋芳．产出导向法：中国外语教育理论创新探索[M]．北京：外语教学与研究出版社，2021:45-49.

② 文秋芳．产出导向法：中国外语教育理论创新探索[M]．北京：外语教学与研究出版社，2021:46-49.50-52.

③ 杜威．学校与社会——明日之学校[M]．北京：人民教育出版社，2015:41.

和认知系统。但过度强调学生中心，由学生决定教育目标、内容和进度，会导致无法保证学习目标和效率的达成。产出导向法提出“学习中心”，强调教师主导和学生主体的有机融合，认为一切教学活动都是为了学习而发生。具体来说，产出导向法认为教师是课堂教学的设计者、组织者、引领者和指挥者，起主导作用。同时，学生是学习的主体，应重视学生学习的个性化、自主性和创造性。例如，教学设计阶段，教师应首先分析教学对象，再根据学生实际需求确立教学目标、选择教学内容，此时教师的主观能动性是决定因素。产出导向法教学实施阶段，驱动环节的产出目标由教师结合学生尝试产出情况确定；促成环节，教师选择实现教学目标的最佳形式，引导学生在活动中主动建构知识，提供适当的支架并有意识地逐步降低支架的参与，帮助学生逐步掌握学习方法、进行更自主的选择性学习、提高学习责任感；评价环节，产出导向法倡导师生合作评价，强调评价标准的构建需要师生共同参与并取得共识，并主张课前、课中、课后的评价活动均由教师和学生的共同完成。

第二，有机融合语言“输出”与“输入”。“输入”与“输出”是语言教学的一对重要概念，关于二者对语言教学的作用在学术界有着广泛且深入的探讨。纵观语言教学的历史，“输入”概念的提出要早于“输出”。克拉申(Krashen)的“输入假说”强调输入对“语言习得”的决定性作用，认为只要有足够稍高于学习者外语水平的语言输入(即“可理解输入”)，学习者便可无意识地自然习得语言①。但“输入假说”忽略教学行为和语言输出对语言学习的影响，相比单纯的语言输入，语言的双向高质量的交流对语言学习有更大的意义。施密特(Shmidt)提出“注意假说”，认为只有当学习者有意识地注意到了自己产出与母语产出间的差距，才可能获得语言的提升，而产出对语言学习有修正作用②。这也说明了语言教学要在教师指导下，恰当融合输入和输出活动，才能起到最佳效果。可见，语言的输入与输出在语言教学中共同扮演着重要角色。在承认输入与输出均对语言学习具有重要意义的基础上，产出导向法创造性地提出“输出驱动假设”，强调输出对输入具有反作用，主张产出既是语言学习的驱动力，又是语言学习的目标，教学流程以学生尝试产出为开始，以略高于学生现有水平的语言输出为目标，激发

① [英]Rod E. The Study of Second Language Acquisition[M]. 上海:上海外语教育出版社,2013:246.

② [英]Rod E. The Study of Second Language Acquisition[M]. 上海:上海外语教育出版社,2013:265.

学生求知欲，颠覆了“先输入，后输出”的常规教学顺序，以“输出—输入—输出”的教学顺序，展开多阶段的指向产出目标的针对性学习“输入促成”，强调“学用一体”。“输入促成”是指以“输出”为目标，学生在教师引领下，通过互动与交流，选择符合产出预期的语言输入材料学习，拓展现有语言知识和能力，应用到语言的输出，将语言产出提升至新的高度。整个流程真正实现输入性学习和产出性运用的“学用一体”，将语言输入输出的功能与意义最大化。

第三，重视评价的作用。学生评价指“根据一定的标准，通过使用一定的技术和方法，以学生为评价对象所进行的价值判断”，能够帮助师生发现教学的优势与问题，判断教学目的实现的程度，引导学生依据标准调整学习方向，体会自我实现和个人成长。根据《普通高中英语课程标准(2017年版2020年修订)》的指导建议，高中英语写作应以“形成性评价为主并辅以终结性评价”，“注重评价主体多元化、评价形式多样化、评价内容全面性和评价目标多维化”。因此，对学生写作的评价绝不能只看一个作文成稿，评价内容要突破对语言准确性评价范畴，加强对写作内容、语篇结构、创新性和逻辑性等方面的考查，学生自己、同伴、教师都应发挥各自评价的优势，除“笔头”反馈外，还要加入更多形式。此外，教师需要形成“教、学、评”一体的评价模式，关注评价应起到激励和促学的积极反拨作用，对学生作文的评价话语应注意针对性、激励性和清晰性，应能鼓励教师和学生对教学行为进行反思和改进。产出导向法重视评价的作用，认为评价是教学的冲刺和升华阶段，提出了师生合作评价(Teacher-student collaborative assessment, TSCA)的评价模式①。从评价效率上看，该模式强调在教师指导下，教师和学生在课内和课外实践进行跨越时空的合作评价，这有助于明确评价目标、提高反馈时效、提高评价效率。从评价内容看，师生合作评价模式既有对促成阶段的内容、语言和结构三个促成子环节的形成性评价，又有对最终语言产出结果的终结性评价。评价同时涵盖教学的语言和交际双重目标的实现情况，是对写作学习各方面的综合性评价。从评价主体看，该模式融合了教师、学生、机器等多方评价，主张教师引领在先，学生评价在后，既规避了学生评价和机器评价可信度不足等问题，又突出了学生学习的主体地位，促进学生通过评价来复习、运用、巩固所学知识，促进语言和思维等多种能力的进阶。

① 文秋芳.“师生合作评价”:“产出导向法”创设的新评价形式[J].外语界,2016(5):37-43.

(三)产出导向法应用于高中英语写作教学的适用性

产出导向法是基于我国大学英语教学存在的不足而提出的外语教育理论。但随着理论的迭代与影响力的扩大,其应用范围逐步拓宽至基础教育英语教学以及其他语种教学中。通过文献回顾发现,产出导向法用于高中英语写作教学实践的相关研究虽然占比较小,但取得了较为明显的教学成效,这些研究通过实践证明产出导向法适用于高中英语写作教学。本书将从产出导向法的关键能力培养目标、理论创建动因两个方面,在理论层面论证产出导向法对高中英语写作教学的适用性。

首先,产出导向法重视对高中英语学科核心素养的培养,强调外语的育人价值。2018年,产出导向法理论将教学理念中的"全人教育说"调整为"关键能力说"。这一改变的初衷是为了对接《普通高中英语课程标准(2017版)》提出的四项核心素养,从而落实"立德树人"的根本任务。产出导向法认为,大学外语课程必须要强化和发展高中英语课程标准的四项核心技能,并在此之上继续培养创新能力和合作能力[①]。同时,高中英语学科核心素养及产出导向法提出的关键能力均以语言能力为基础要素,语言能力的培养蕴含其他关键能力的提升。可见,在培养学科核心素养方面,产出导向法与高中英语课程的目标是一致的。

笔者通过对高中英语写作教学相关文献的综述和对教学情况的实地调研,发现高中英语写作教学存在同样的突出问题,教师教学行为和学生写作行为分离,学生所学和所用没有充分对接,这正是"学用分离"的表现;高中英语写作教学的应试倾向和常见的模板写作教学法过度强调语言符号的功能和外语应试技能的训练,忽视了对学生世界观、人生观、价值观的指导,这是明显的"文道分离"。简言之,虽然产出导向法是针对我国高等教育英语教学的具体问题而提出的,但我国高中英语写作教学的主要问题与其高度相似,因此产出导向法具有解决高中英语写作教学现有困境的潜在价值。

综上,从英语学科核心素养的培养目标、高中英语写作教学的现实问题来看,将产出导向法迁移运用到高中英语写作教学具有较强的适用性和可行性。

① 文秋芳.产出导向法:中国外语教育理论创新探索[M].北京:外语教学与研究出版社,2021:81+84.

二、信息技术与课程整合理论

(一)理论内涵与发展

信息技术与课程整合理论,也称"信息技术与学科教学整合理论"(Integrating Information Technology into the Curriculum,下文简称为"整合理论"),是何克抗教授提出的一套比较系统的有中国特色的信息技术与课程整合的理论与方法,以建构主义理论和教学结构理论为基础,突出强调信息技术与课程的全面整合和深度融合。建构主义理论的核心观点认为知识是建构生成的,而不是传授获取的。因此,教学的设计应以学生的学习为出发点,创设促进学习者意义建构的学习情境,组织学生群体共同完成的合作学习,提供赋能学生自主和协作的学习环境,利用多样化教学媒体和材料支持学生学习,实现学习者对新知识的建构[①]。教学结构理论中的教学结构指在某一教学思想、"教与学"理论指导下,在特定教学情境中展开教学进程的稳定结构形式,根据课堂教学的特征可分为"教师主导型""学生主导型"和"主导—主体型"教学结构。其中,"主导—主体型"教学结构结合了前两种结构的优点,规避了各自的不足,既承认了教师作为专业人士的权威性和引领作用,又体现了学生作为知识建构的个性化和主体性作用[②]。

信息技术与课程的整合,是我国面向新世纪基础教育教学改革的新观点,其不仅与传统学科教学联系紧密,又兼具独立性,是一种发展学生主体性与创造性的教学类型[③]。信息技术与课程的整合,不仅丰富了课程形态,使其更加多元,更有助于促进学生学习效果提升。这种整合,是教师、学生、环境、资源、评价的要素重构,也是对整个教学过程的流程再造。信息技术与英语课程的整合,在一定程度上满足了提升英语教学质量的要求,符合英语学科教学培养学生面向未来的国际视野的目标,同时也遵循了教育发展的数字化转型的整体趋势。

整合理论的核心特征在于构建"主体—主导"教学结构,具体措施为进行"学教并重"的教学设计,包括教学目标分析、学习者分析,教学策略的选择和设计、教学媒体和教学资源的选择和设计以及形成性评价等关键步骤。每一个步骤都

① 何克抗.信息技术与课程深层次整合理论:有效实现信息技术与学科教学深度融合[M].2版.北京:北京师范大学出版社,2019:71-74.

② 何克抗.信息技术与课程深层次整合理论:有效实现信息技术与学科教学深度融合[M].2版.北京:北京师范大学出版社,2019:94+96+114.

③ 李克东.数字化学习(上)——信息技术与课程整合的核心[J].电化教育研究,2001,(08):46-49.

是在前一步基础上进行并环环相扣，统一为一个整体①。教学目标分析包括课程总目标与阶段子目标分析，教师利用多种教学目标分析方法，根据各目标间的联系确定教学内容的顺序；学习者分析要首先确定学习者知识基础、认知能力和认知结构变量，确定教学的起点，实施针对性教学；教学策略的选择和设计则要在"学教并重"的思想指导下，综合考虑教学内容和学生情况，在教学过程中灵活设计、综合运用以教为主和以学为主的多种策略；教学媒体和资源的选择与设计以多媒体技术和网络通信技术为基础，实现认知探究和协作交流，激励情感、促进合作②。

三、产出导向法与整合理论对教学设计的指导意义

通过对比分析产出导向法理论和整合理论的关键词和核心要素（表3-1）发现，产出导向法理论的教学理念、教学假设以及教学流程的各个构成要素与整合理论所关注的核心要点是互相兼容的。这对开展混合学习环境下英语写作的产出导向法教学设计，包括教学目标、教学内容、教学活动和教学评价，均具有重要的指导意义。

表3-1　产出导向法和整合理论比较分析

	产出导向法	整合理论
教学目标	关键能力、输出驱动	综合素质、创新人才培养、教学目标分析、学情分析
教学内容	文化交流、输入促成、选择学习	自我建构
教学活动	学习中心、学用一体、教师主导—师生共建	教师主导—学生主体、以教为主和以学为主的综合策略
教学评价	以评为学	形成性评价改进教学

（一）教学目标

产出导向法的"关键能力"教学理念体现出语言教学具有多元培养目标，鼓励学生通过语言学习加强国际理解能力、创新思维与逻辑思维，锻炼问题分析与解决能力，并形成终身学习能力。"输出驱动"假设作为产出导向法理论的核心，

① 何克抗.信息技术与课程深层次整合理论：有效实现信息技术与学科教学深度融合[M].2版.北京：北京师范大学出版社，2019:116-123.

② 何克抗.信息技术与课程深层次整合理论：有效实现信息技术与学科教学深度融合[M].2版.北京：北京师范大学出版社，2019:124-160.

"输出"的主体是学生，"驱动"的对象也是学生，是通过学生自主尝试和反思后，产生动力而开展的主动学习。写作输出既是学生英语写作学习的动力，又是学生学习的目标。因此，教师在设计写作输出任务时，需要鼓励学生主动尝试和思考，帮助学生明确语言学习在跨文化交际中的具体作用和功能，从而激发学生写作欲望。

整合理论同样关心综合教学目标的实现，提倡在对教学目标和学习者特征的充分分析基础上，培养学生的实践能力、21世纪创新能力、合作能力等综合素质。而信息化教学环境的营造既是整合理论实现综合教育目标的重要途径，也有利于产出导向法对学生"关键能力"的培养和"输出驱动"的实现。多媒体技术、虚拟现实、元宇宙等技术有助于营造图文并茂、声影结合、较为真实的外语语用情境，进一步呈现真实社会的交际难题。学生通过设身处地地体验语言的跨文化交际场景，调动多种认知尝试解决困难。此外，丰富的信息化交流和测评工具还可以帮助教师快速地获取并呈现学生的基础能力和认知水平等，使教学目标更符合学生的实际水平，从而设计针对性更强的输出任务，更好地激发写作学习动机。

（二）教学内容

产出导向法提出"输入促成"假设和"选择学习"假设。输入促成指学生在语言输入材料中获得输出所需的语言、内容、结构等信息，并通过练习强化语言技能，弥补输出的不足，完成交际目的。选择性学习则特别强调了对输入材料的针对性、个性化的理解与练习，仅挑选符合学生认知水平和学习需求等部分进行高效率学习，以便完成每位学生独特的、创造性的输出需求。与此同时，整合理论恰恰也呼吁结合学情分析、基于学生的自我建构需求来确定教学内容，鼓励学生自我建构知识、进行个性化的学习。

混合学习环境下，多媒体素材和课件、网络课程等信息化教学资源能够促进学生认知、增强情感体验与知识内化，为产出导向法教学提供了海量的优质语言输入资源。基于互联网的教学资源库拥有不断更新、不受时空限制、便于获取、形式和内容极其丰富的优质语言资源。这些资源中有大量的真实交际语料，既体现语言形式知识（如单词拼写、词形变化、句法规则等），又包含实际的交际内容（如事实性信息、观点和意见、文化内涵等），可以帮助学生全面认知语言的运用，促进英语学习。同时，混合学习环境下，丰富多样的信息技术工具能够支持教师改变输入材料的难度、渠道、形式，使输入材料符合产出需求和学生水平，并符合产出导向法对输入材料的“可理解性(i+1)”要求。此外，与语言学习关系最紧密的是视觉模态和听觉模态。混合学习环境下，丰富多样的多模态教学资源将语言形式和现实交际活动所包含的鲜活、丰富的非语言要素连接起来，能够促进学生对抽象知识的掌握，弥补其直接经验的不足，加深了学生对语言的全方位理解，促进学生的“选择学习”和深度学习。

(三)教学活动

产出导向法作为过程性理论取向，遵循“学习中心”的教学理念，开展在教师指导下学生主动学习的“师生共建”的语言学用活动。该理念既强调教师的引领和指导作用，又重视学生的真实学习需求和进展。与之相似的是，整合理论强调根据教学实际对“以教为主”和“以学为主”的教育策略进行灵活选择和综合应用。二者均主张教学活动的设计既体现教师的引导促进，又强调学生的自我赋能，关注其主观能动性。

混合学习环境下，互联网技术和多媒体技术为多样化的教学互动提供技术支持。其中，“以教为主”的教学活动需要借助内容展示工具得以高效地实现，例如教师对多媒体输入资源进行呈现，对语言运用进行示范、讲解和归纳，并提供线索、图表等教学脚手架等。“以学为主”的学习活动则更需要依托移动设备、网络教学平台和信息化内容展示与分享工具等，充分赋能学生开展基于输入材料的探究、讨论、协作、评价等多种语言学用活动。此外，网络环境的泛在特点使学习活动的时间和空间得以拓展，教师的教学活动可以根据具体需求迁移至线上，学生得以自主、选择性地进行学习，学生的学习活动也从课堂延伸至课外，开展同步或异步的“教与学”活动。通过信息技术支持的师生双向、多向互动，体现教师的主导作用和学生的认知主体地位，帮助学生建构知识，促进学生的语言学习与运用，实现语言交际能力的提高。

(四)教学评价

产出导向法提出“以评为学假设”，认为语言学习与语言评价应该有机结合，从而促进教师全面认识教学各阶段的效果，并提供有目的、有重点的教师指导。同时，学生通过评价强化对知识的掌握，促进对知识理解的升华。可见，产出导向法重视评价对语言学习的反拨作用，主张在教学进行中开展多阶段、多元主体的教学评价。与产出导向法一致,整合理论也提出要通过形成性评价不断改进教学,关注评价的教学意义以及过程性的价值。

混合学习环境下,多样化的信息化测评工具则为各个阶段的教学评价提供了强大的技术支持,为多元主体的作文评价提供便利。除教师评价外,学生互评也可借助网络方便地开展,并留下过程性数据;基于人工预设答案的自动评测平台能够更快捷地收集和分析学生回答,并直观地展示评测结果,为教学提供参考;基于计算机电子反馈系统和基于大数据的智能反馈系统则能够为学生提供即时的、不限次数的个性化作文反馈,极大地提升了写作评价的效率,规避写作评价单一主体反馈不足、主观性强、缺乏针对性等问题。

综上,在混合学习环境中,通过将信息技术深度融入产出导向法写作教学中的多个方面,可以支持和优化产出导向法的教学在目标、内容、活动、评价等多个方面的设计和实施,充分体现出产出导向法理论的特色和优势,实现教学理念、教学假设和教学流程的高质量执行,切实提升高中英语写作教学质量,符合信息时代对教师的“教”与学生的“学”的整体要求。

第二节 教学设计的技术支撑

国内外研究者尝试从多个角度对外语教学相关的教育技术有关应用进行分类。安德森(Anderson)和克拉斯沃尔(Krathwohl)重新修订了布鲁姆认知教育目标(即"数字布鲁姆"),有学者以此为基础对教育应用进行了分类,构建相应的数字化教学理论,如陈丹和祝智庭结合我国国情构建了"中国版"数字布鲁姆[①]。艾伦·卡林顿(Allan Carrington)构建的教学轮(The Padagogy Wheel)模型整合了毕业生素养和能力、动机、布鲁姆教育目标、行为动词、学习活动、教育APP以及"SAMR技术功能评价"七个要素,指导教师依据教育学方法论设计基于移动终端的信息化教学[②]。海伦·莫兰(Helene Moran)按照功能将教育APP分为学习游戏类、交互参考应用类、修正工具类等七大类[③]。国内外研究机构和网站也推出了教育类APP的分类和评测服务,如琼·甘茨·库尼中心(Joan Ganz Cooney Center)根据目标功能对语言和读写素养有关的多平台APP进行评测和推荐[④]。

以上对技术的分类方法整合众多理论,考虑如何在教学目标指导下设计使用信息技术开展英语教学活动。本书对英语写作教学相关的技术应用进行统筹,从信息技术与课程整合理论切入,按照技术类型整理为以互联网为交流媒介、在线语料资源、多媒体和多模态教学、自动评测四类。

---

① 陈丹,祝智庭."数字布鲁姆"中国版的建构[J].中国电化教育,2011,288(1):71-77.

② Allan Carrington. The Padagogy wheel English V5[EB/OL].(2016-09-03)[2021-06-08].https://designingoutcomes.com/english-speaking-world-v5-0/.

③ MoranH.ShiftLearningWhitePaper:Themagicandthelogic - developingappsfortheeducationalmarke[M/OL].(2018-06)[2022-12-12]. https://www.shift-learning.co.uk/wp-content/uploads/2018/06/Education-Apps-White-Paper.pdf.

④ Ly A. What's in store today: A snapshot of kids'language and literacy apps[EB/OL].(2014-08-15)[2020-06-01]. http://joanganzcooneycenter.org/2014/08/15/whats-in-store-today-a-snapshot-of-kids-language-and-literacy-apps-part-1/.

一、以互联网为交流媒介

受时间或空间分割的不同个体或群体通过联网的计算机进行的交流方式被称为网络媒介交流。它利用计算机网络转换、存储和检索人类信息，为学习者建立更为广泛的交流群体和构建虚拟的学习社区，提高他们的认知能力和语言交际能力。现有研究中，互联网作为交流媒介在英语写作教学中主要用途分两种：一是促进学生之间的交流和学生与教师、外界的交流，涉及的软件和平台包括：QQ、微信、微博、Facebook、博客、电子邮件、国际笔友网、Canvas、自制平台等。二是实现学生间的协作学习，主要是协作素材整理软件、wiki合作写作软件等。网络交流媒介的应用最显著的优势是为学习共同体的形成提供了条件，学生离开了学校课堂后，还可以通过网络形成学习小组，与教师、学科专家、英语母语人士和其他社会人士进行跨时空、跨文化的反馈和交流。这能够提高写作者的读者意识和写作动机，与多方的互动也促进了学生的学习存在感和协作学习的积极性，增加自我和集体效能感，也促进学生深入地思考和分析，从而提高了学生写作质量，尤其是语篇结构和词汇运用。

然而，通过分析现有研究发现，学生通过网络交互所给予的交流与反馈多数是浅层次的。关于网络计算机作为交流媒介如何影响英语写作语言质量和思维表达，目前研究并未形成一致性结论。对同伴反馈的接受度和信任度，也受学生自身水平影响和网络环境影响。此外，网络交互的效率和规范也是重要的问题，教师需要加强监管并发挥示范作用，在利用网络进行学生互评时，建立清晰的评价标准。

二、在线语料资源

在线语料资源包括在线英文语料库、互联网上的大量原始语料文本、经过加工后带有语言学信息标注的文本和互联网上的英语语言文本或多媒体资源等。在线语料资源是庞大的语言知识和信息的集合体，语言学习者可通过检索工具或搜索引擎对目标语进行搜索、分析，在线语料资源具有检索便捷、内容更新快、信息来源广、便于观察和比较等特点。

相关研究中利用网络开放资源开展的英语写作教学主要涉及对在线语料库、外文期刊库、普渡(Purdue)写作中心、自创写作资源平台的应用。这些网络资源能够提供即时、准确、海量的语料素材，有利于写作者丰富主题词汇和语言，获得相关内容知识和语篇信息，有的还可以实现个性化资源推送，大大提高了写作素材的获取效率，也便于辅助学生开展基于资源的自评和互评。网络资源的丰富性、便捷性和多模态性更利于学生吸收和理解知识，更易于唤起学生情感，受到师生普遍欢迎，促进了学生对写作任务的准备，较大地缓解了写作焦虑，促进写作效能感提升。

但是，网络资源的利用也存在一些困扰，例如网络资源纷繁复杂，容易造成学生的信息超载、“网络迷航”和抄袭剽窃等问题。如何把握好资源质量的管控、提高教学资源选取和整合的针对性和合理性，仍是没有得到有效解决的难题。

三、多媒体和多模态教学

多媒体教学指借助文字、声音、图像等多种媒介进行的教学，多模态教学是通过口语、书面语言、图像、图表、空间等途径的教学。在多媒体或多模态英语写作教学的相关文献中最为常见的研究主题包括知识可视化处理的相关应用（如思维导图、云图等）、多媒体资源的呈现和处理（如漫画、音频、视频等）、多媒体实验室（如模拟联合国实验室）、游戏化教学（如Edmodo）和虚拟现实/增强现实等软件或平台（如VILL@GE、Second Life、ICONS）等。

沉浸在多模态、游戏化和虚拟现实模拟的语言应用环境的语言学习，可以使知识的呈现方式得以改变，学生带着好奇的心情积极主动地进行思考和表达，提高了写作的内驱力和自信心，运用可视化或模拟现实的混合教学手段从情感、认知和社会三个维度为语言学习提供支持，有利于学生优化文章的组织和衔接结构，加深不同社会文化规则的体验和理解，提高国际理解力，促进辩证思维的培养。

但是，多模态和多模态教学面临着认知超载和“网络沉迷”的危险，教师应仔细规划，根据具体情况设计合适的多媒体教学环境，把握信息量适度、操作简易和教学优化几项基本原则，不能单纯地“为用而用”。而且，多模态教学对软件、硬件的要求都较高。电脑配置、网络带宽、设备兼容性、资源和平台可获得性等技术问题也需要教师认真考虑。此外，网络资源和虚拟现实平台的开放性意味着资源的来源纷繁复杂，可能混杂着不同社会背景、职业地位、宗教信仰的观点，资源的质量参差不齐，这可能导致语言的规范性降低，也可能对学生的世界观、价值观产生不良影响。

四、自动评测

自动评测是教学主体通过具有自动化能力的测量工具对客体进行的评价与测试。在写作教学的应用大致分为三种:(1)收集学生答案并根据人工预设答案进行自动批改和评分的网络平台,如:问卷星、Quizlet;(2)基于计算机的电子反馈,如:Microsoft Word自动修改功能和电子词典;(3)基于网络语料库的智能反馈系统,如批改网、Writing Roadmap、Peerceptiv、冰果等。

自动评测对写作教学有积极影响,不仅极大提高了反馈时效,还能将学生的学习情况通过数据形式得以呈现和保存,为形成性评价提供依据,促进教师精准教学;在评价准确度方面,结合了大数据和人工智能技术的网络智能反馈能较好识别表层语言错误,但结果受错误类型影响很大;在提升学生作文语言质量方面,虽然自动评价代替人工反馈效果不佳,但作为人工反馈的补充可以较大程度上发挥各自的优势;自动评测在促进写作教学过程的变革方面也有积极作用。

但是,自动评测在写作教学中的应用效果仍有较多争议,如基于规则和基于概率的语言分析技术的自动评测仍存在信效度方面的不足,在准确识别语言偏误方面不尽如人意。学生语言基础的高低、教师参与与否、平台功能和易用度、学生对自动批改技术的效用期望等都影响其教学应用的效果,学生的接受度和信任度也存在一些差异。因此,要承认自动反馈的局限性,鼓励学生辩证地对待自动反馈意见,结合相关资源确认、反思和修改,建立科学全面的评价标准,体现对不同学生的分层教学目标。为了取得更好的教学效果,应该采取线上线下人机结合、师生共评,加强评价标准指导和过程监管是必不可少的。

第三节　教学设计的基本原则

通过对高中英语写作教学困难的分析和对深层原因的思考，笔者获得了英语写作教学目标、内容、活动和评价四个方面的启示，形成了对高中英语写作教学更全面的认知。在此基础上，本节进一步分析了产出导向法和信息技术与课程整合理论在教学目标、内容、活动和评价等方面的主张，综合前文得出的写作教学设计启示，结合高中英语课程标准对全面发展学科核心素养的要求，遵循"教师主导—学生主体"的基本教学理念，提出混合学习环境下基于产出导向法的高中英语写作教学设计基本原则。

一、将多元目标置于仿真的问题解决情境

混合学习环境下基于产出导向法的高中英语写作教学应创设具有语言输出现实需求的交际情境，将多元教学目标的培养融入"发现问题—建构与运用知识—解决问题"的过程之中。从语用角度出发，教师还原现实语用场景，给予学生沉浸式语言学习体验机会，促进学生对语言知识的内化，帮助学生获得有意义的学习成果，增强学生对真实世界的认知和解决问题的能力，达成英语学科核心素养的培养目标。

教师要充分利用信息技术来营造具有真实感的写作任务和问题情境。教师可结合图片、音视频、虚拟仿真等技术，制作海报、网页、演讲、短片、虚拟现实等多媒体形式的作文产出形式和语用环境，增强学生对写作任务的理解和关注、促进学生主动激活原有知识，激发解决任务的紧迫感和写作学习的内驱力。教师还要扩展语言输出渠道，利用互联网将学生作品便捷地进行校内外多点传递和分享，从而拓宽读者群体，延伸写作交际范围，缩短作者与读者的时空距离，真正实现语言的跨文化交流。

二、将针对性语言知识融入多模态语料资源

混合学习环境下基于产出导向法的高中英语写作教学在内容方面需要符合学生语言能力和认知风格,并适配写作促成目标的语言输入资源。教师需充分利用泛在的信息化语料资源,为写作教学提供形式多样、权威可信、针对性强、允许开放获取的、广泛的网络教学资源,并在认知负荷理论、最近发展区理论和语言的输入与输出等理论的指导下,对材料进行适当的改编,调整语言材料的难度、结构等,优化呈现媒体和组合方式。教师还要鼓励学生主动拓宽信息化学习渠道,对网络资源进行筛选和鉴别、评价和反思,提高学生信息素养和高阶思维能力,为实现学生持续发展和终身学习打下基础。

在依托信息化语言输入材料的写作教学中,教师可以设计模态转换帮助学生实现意义建构和思维发展,利用多模态语篇进行模态间的互动,将语言形式和现实交际联结起来,促进语用知识、文化知识等抽象知识的理解和复现。教师要设计与开发承载着语言知识、写作主题意义和文化知识的多模态语篇,为学生提供不同的感官刺激,提高学生英语写作学习兴趣和效率,使学生加深对多元文化内涵的理解,超越对文本的表层理解,主动进行知识建构,发展高阶能力,实现深度学习。

三、用技术赋能互动性语言学用活动

混合学习环境下基于产出导向法的高中英语写作教学要充分利用信息技术赋能不同认知层级的互动性语言学用活动。教师可借助网络平台和移动设备等信息化教学工具,开展师生、学生间的同步或异步多点交流分享,鼓励学生合作识记和理解语言知识和主题知识,共同分析学习内容并迁移应用于英语写作,展示阶段学习成果,并组织作文点评和修改等活动。

英语写作教学需要重视教师主导作用,在教学过程中,教师要适时提供教学支架,帮助学生顺利穿越最近发展区。随着一系列不同教学活动的进行,教师可借助思维可视化、信息分享与展示等信息化教学手段和资源,为学生提供对写作内容、语言表达、思维逻辑等各方面的引领与指导,促进学生强化和反思学习内容,重构和创新语言表达,与此同时,逐步弥合能力缺口,生成阶段成果,实现学以致用。

四、开展技术增强的协同性、综合性评价

混合学习环境下基于产出导向法的高中英语写作教学应强化评价对“教”与“学”的反拨作用，做到“以评为学、以评促教”。教学实施过程中，教师将即时评价和延时评价相结合。其中，即时评价为教师调整教学内容、掌握教学节奏提供参考，而延时评价是对学生迁移性产出进行评价。此外，教师可通过诊断性测评，以语言测试、观察、问卷、访谈等多种方式对学生认知结构、学习动机、学习困难等方面进行学情分析。教师可借助网络问卷、网络阅卷系统等信息化调研和分析工具，确定学生起点，了解学生英语写作学习的态度，选择媒体资源，调整教学决策。教学过程中，教师充分利用信息化测评工具等，记录学生学习过程，开展即时评价。

对于针对学生迁移性产出成果的延时评价，要进行多元主体的协作评价。信息技术的运用能够较大程度提高写作评价的效率，实现多元主体的写作评价。计算机自动评价依托海量的在线语料资源和机器翻译、人工智能等核心技术，匹配相应的学段和考试要求，可以对学生作文的语言、内容、语篇等进行较为全面的测评，提供个性化、针对性、实时的反馈意见。教师还可利用作文自动评价平台或其他网络学习渠道开展线上同伴互评，延伸课堂评价时间。多元主体的写作评价方法的使用能够规避评价标准单一、主观性强、评价滞后等问题，减轻教师的批改负担和学生的心理压力，尊重学生个性化差异，促进学生自主和深度学习，提高作文评价效率，对学生英语语言运用能力进行全面评估。

第四节　教学设计的基本框架

“泰勒原理”认为教学必须回答四个问题:教学要达成什么样的目标、选择什么样的教学内容、如何组织内容及如何指导目标达成。在教学设计中,教师需要从这四个方面进行教学各要素的设计。因此,混合学习环境下高中英语写作的产出导向法教学也需要以这四个方面为切入点开展教学设计。本研究将其表述为教学目标、教学内容、教学活动以及教学评价。

一、教学目标设计

教学目标是学习者预期的学习成果,教学目标设计是教学设计中关键的工作之一。学生作为教学的对象,也是知识建构的主体。因此在设计教学目标时,有必要首先对学生进行全面分析。学习者分析主要包括其一般特征,入门能力和学习风格。混合学习环境下基于产出导向法的高中英语写作教学对于学生的分析也应从以上几个方面开展,具体维度包括学习者的年龄阶段和教育、家庭背景等一般特征、基础英语运用能力、英语写作学习经验、学习困难及原因、学习动机、行为习惯和学习偏好等。教师可以通过多种渠道获得相关信息,既可以在线下开展访谈、调查问卷、语言测试、课堂观察等,还可以借助互联网实施网络调查或在线测试,以便设计精准确切的教学目标、教学策略及重点难点等。

教学环境分析是对教学实施过程中师生周围的环境与条件的分析,充分了解教学环境的方方面面。这有助于帮助教师设计相应的教学策略和资源,促进学生学习。本书聚焦混合学习环境,与教师的教学环境范围一致,包括硬环境和软环境。其中,硬环境重视对教学的场所和教学设施的分析(如网络覆盖、投影仪、电子白板、电视、电脑、移动设备等),软环境关注师生信息化教学能力、师生关系等。教师可利用清单或测评工具,对相关环境类数据进行测评和记录,综合考察教学环境,为教学决策提供参考。

在对学习者和学习环境充分分析的基础上，教师开展写作教学目标的设计。教师应依据学科核心素养的培养目标以及相关学段、相关技能的要求，结合教材内容，以及学生在词汇、语法等方面的英语语言运用起始能力和学习困难，制定写作教学目标。混合学习环境下基于产出导向法的高中英语写作教学的目标设计需要符合学生运用英语进行跨文化交际的真实情境，并以解决现实生活中的具体问题为出发点进行阐述，形成用于"输出驱动"的写作产出任务。

产出导向法写作教学中，写作任务是教学目标的具象体现。因此，在设计写作任务，也就是驱动环节的驱动任务时，应注意体现多元目标性，综合考虑教材单元话题、语篇内容、目标词汇、语法项目、写作技能等多个要素，设计符合单元主题情境的产出任务，营造解决问题的语境和需求，以便加深学生对产出任务的理解，提升学生写作兴趣和内驱力。对于教学目标的陈述，教师应以高中英语学科核心素养发展目标为整体框架，从语言能力、思维品质、文化意识和学习能力等方面，结合具体的产出任务的交际目标和语言目标，形成可操作、可测量的具体表述，并进行结构化的呈现。教师可应用多种信息技术工具辅助教学目标的设计，见表3-2。

表3-2　教学目标设计可应用的信息技术工具

主要功能	信息技术工具	说明
学习者分析	网络问卷、在线文档	开展对学生一般特征、学习风格等的问卷调查、测试等
	在线学习/考试平台、自动阅卷系统、作文自动评分系统	进行英语写作知识与运用能力的诊断性测试，形成可视化结果呈现与分析
	即时通信软件、在线聊天室、数字录音机/录像机、数据分析软件	与学生进行在线/面对面访谈，开展课堂观察等，分析学生学习现状、学习需求等，辅助教学决策
教学环境分析	软、硬件测评工具	对教学环境类数据进行测评和记录
教学目标分析与呈现	思维概要整理工具、思维可视化工具	组织、整理、展示教学目标及包含的知识与技能、重点与难点、结构与逻辑关系等，并进行可视化呈现，促进学生对学习目标的理解

二、教学内容设计

教学内容需要和教学目标保持一致。教学内容的设计需要根据教学的总体目标和最终的产出目标综合考虑,选取相互关联的若干语篇构成教学的主要内容。在产出导向法高中英语写作教学中,教学内容主要包括促成环节的语言输入材料。作为语言输入材料的语篇既可以取材于教材,也可以来自网络开放教育资源,或者由教师自行开发。促成环节的输入材料应是主题引导的、具有相对完整的交际意义的主题语篇,具备整体性、聚焦性、适中性的特征。第一,整体性体现在促成材料中语言输入内容应与交际目标和产出目标整体一致,包含融合语言的形式、意义、功能的整合性语言知识;第二,聚焦性体现在语篇的设计应聚焦某一针对产出困难的具体要点,教师可通过图片、文字、声音等元素的合理设计来突出促成重点;第三,适中性体现在结合具体语言、内容或结构维度促成目标对语篇进行调整,保证材料难度的可理解性,使其精准对接产出目标、有效服务促成活动。

除内容本身外,教师还要充分利用信息化教学工具来设计和编排促成材料。教师可结合网络语料资源和分析工具辅助输入内容的选择、调整、修改和增减,对已有语料资源进行优化,也可以利用图文编辑、音频视频编辑等资源加工和展示工具,改变语料组织形式、增加图表、改变排版、将文字内容转变为多模态促成材料,甚至自行设计与创作全新的促成材料,使教学内容更精准,更具趣味性,更加符合学生认知发展阶段。教师要综合考虑教学目标、教学环境、学习者情况、教学活动、教学内容本身等因素,确定多个语篇内容的呈现时机、顺序和渠道,或在课堂上实时发放,或借助网络教学平台和交流工具进行异步传递。教学内容设计可应用的信息技术工具见表3-3。

表3-3　教学内容设计可应用的信息技术工具

主要功能	信息技术工具	说明
教学资源检索与获取	网络开放教育资源、搜索引擎、资源存储/下载工具	广泛搜索和使用针对性强的、形式丰富的教学资源作为课内教学材料的补充或替代,教师还可示范、指导学生通过网络积累优秀写作素材和学习资源,培养学生的自主学习能力
教学资源的加工与呈现	图文编辑软件、音视频编辑软件、动画制作工具	获取、编辑和制作多媒体教学材料,将写作知识在主题语境中呈现,调动学生多重感官,丰富课堂活动,提高学习兴趣,利于学生体会语言的交际价值,将知识间的关联直观化,促进学生对知识的深层次理解与自主建构

续表

主要功能	信息技术工具	说明
教学资源的分享	网络教学平台、网络交流工具、教学课件、投影设备	选择恰当的呈现媒介和渠道展示、分享教学资源，开展线下的同步集体学习或线上的异步个性化学习
语言难度调整	文本难度/复杂度检测软件、在线语料库、网络词典	对教学材料的语言难度进行检测、调整和改编，直至语言难度符合教学需求
语言材料创作	思维可视化工具、数据可视化工具	借助人工智能和大数据，辅助分析主题相关的大量内容的主要维度和关键词，从而形成对某个主题关键内容的认知
	人工智能内容生成工具	可提交关键词自动生成主题相关的文本或音视频内容，经检验、调整后可作为输入语篇用于教学

三、教学活动设计

教学活动是指教师按照教学目标设计的、学生参与的学习活动。教学活动是落实“做中学”教学理念，实现向“教师主导—学生主体”的教学模式转型的重要环节。混合学习环境下基于产出导向法的高中英语写作教学活动强调教师的“教”与学生的“学”有机融合，重视学生合作和互动，旨在通过完成一系列认知层级逐步提升的语言学习活动，实现学生学习成果的迁移和综合语言运用能力的提升。本研究根据产出导向法对三个环节教学步骤的具体描述，将教学活动分为情境创设与呈现、内容生成与组织、内容展示与分享、教师讲授和演示、学生练习与测试五种类型，每个类型分别借助相应的信息技术工具进行支持，以优化教学活动的效果(表3-4)。

表3-4　教学活动设计可应用的信息技术工具

活动类型	信息技术工具	说明
情境创设与呈现	图文编辑工具、音/视频编辑工具、虚拟现实系统	教师获取和制作多媒体形式的驱动材料来呈现输出的场景和交际任务，将学生带入模拟的交际场景，使学生将产出任务与现实生活进行有意义的关联，获得较强的真实感、代入感，主动激活原有知识，产生对任务解决的紧迫感和求知欲，激发写作动机
内容生成与组织	知识建构工具、思维概要整理工具	学生自主或合作进行写作思路的记录与整理，列提纲或绘制思维导图形成写作的框架，重构、补充写作内容，将学习成果应用于作文的持续改进中

续表

活动类型	信息技术工具	说明
内容展示与分享	实物展示台、同屏工具、网络教学平台、网络交流工具	教师通过线上线下渠道对学生的过程性学习成果进行展示和分享，获得教师、同学甚至更广范围的反馈，使教学时间和空间得以延伸，促进学生深度互动、协作学习
教师讲授和演示	教学课件、网络教学平台、网络问卷、课堂互动软件	教师在面对面或线上环境，利用多媒体教学资源进行英语写作知识的讲解和传授，开展同步或异步的提问和互动活动，提升学生反馈效率和学生参与度，加深学生对学习内容的理解
学生练习与测试	自动阅卷系统、实时展示台、同屏工具、智能导师系统	学生对选择性学习内容进行练习与测试，检测学习成果并进行可视化解读，获取个性化教学资源，巩固产出所需的知识与技能，逐步将所学迁移至产出任务中

四、教学评价设计

教学评价关注学习者是否掌握了学习目标，教学评价应以教学目标为依据，系统收集有关教学信息，对教学活动的过程和结果做出价值判断，为学生的自我完善和为教学做出科学决策提供依据。教学评价必须以教学目标为依据，服务于教学的优化和学生的发展。

混合学习环境下基于产出导向法的高中英语写作教学的评价也应以教学目标为依据，根据英语学科核心素养的具体目标，结合写作教学的实际产出要求，设定综合且全面的写作评价方案。借鉴“柯氏四层”评价模型，从反应层、学习层、行为层和结果层进行写作教学效果的评价。其中，反应层评价关注学生对写作教学的态度和反馈，可通过访谈或问卷形式获得，如满意度问卷、访谈等；学习层针对学生即时所学进行评价，聚焦学生英语学科核心素养的发展情况，可借助学生导学案、学习管理系统数据以及作文评价数据获得；行为层关注学生是否能够利用所学，有效提升英语写作表现，提高作文成绩。而对于学生作文的评价，要以解决交际问题为出发点，建立基于产出任务、融合写作内容、语言、结构等多个维度的作文评价标准；结果层的功能在于考查学生写作成绩的进步对所在组织带来的收益。

从评价主体来讲，写作教学的评价应由多主体协作进行，即人工与计算机协作评价，教师与学生协作评价以及学生间的合作评价。各评价主体在评改材料上体现不同评价方式以达到优势互补，其中教师评价和师生合作共评侧重对文章内容、逻辑性、批判性和语言表达等方面的突出问题的反馈，计算机评价侧重语言准确性维度，学生互评则依据评价标准全面进行。教学评价可应用的信息技术工具见表3-5。

表3-5　教学评价设计可应用的信息技术工具

评价类型	信息技术工具	说明
师生共同评价	教学课件、教学平台、实物展示、同屏工具、课堂互动软件	教师将学生作文样本通过网络发送至全班或由班级大屏展示，组织学生共同对作文进行标记、点评和修改，就具体问题进行进一步的学习与练习
自动评价	手写识别软件	将学生手写的作文转为数字化文本，便于后续的作文自动批改等操作（注：手写识别功能对书写规范度有较高要求，识别后教师可能需要修改识别不准确的内容。）
	英语作文自动批改工具	依托大数据和人工智能技术对作文从多个维度进行自动化批改和评价，尤其是表层语言错误。自动批改可以提高反馈时效，为人工评价作补充和参考，将学生个人和班级整体写作情况以图像、图表等可视化形式直观地解读和呈现，便于发现和解释问题，分析深层原因
人工评价	电子邮件、网络交流工具/平台、作文批改平台、文档编辑/审阅工具	辅助教师和同伴评价，作文经由网络传递和分配，教师和学生修改、点评作文，并跟踪记录评价的过程与结果。学生可以获得多方反馈意见，拓展学生交流与评价的范围和深度，提升互评积极性，促进学生的自我反思和深度学习，提升批判性思维能力
补救教学	开放资源、教学平台、课堂互动软件、自动阅卷系统、实时展示台、智能导师	教师针对作文的不足推送相关教育资源，设计针对性强的讲授、练习或测验活动，及时发现问题并提供个性化教学干预，同时记录学生学习过程，为过程性评价提供数据支持
形成学生档案	网络存储空间、网络教学平台	教师可将学生作文及测试等课堂产出的过程记录通过数字化处理，建立学生成长档案，全面展示学生的写作学习的过程与结果，便于学生随时回顾以往的学习内容，教师也可以将此作为形成性评价的依据，为反思和改进教学提供参考

第五节 教学流程及技术应用

混合学习环境下基于产出导向法的高中英语写作教学流程遵循“驱动—促成—评价”三个主要教学环节开展(见图3-2)。在各个环节的设计与实施中,教师可以根据对教学要素的综合考虑,选择适当的信息技术融入教学之中,以促进教学效果的最优化。

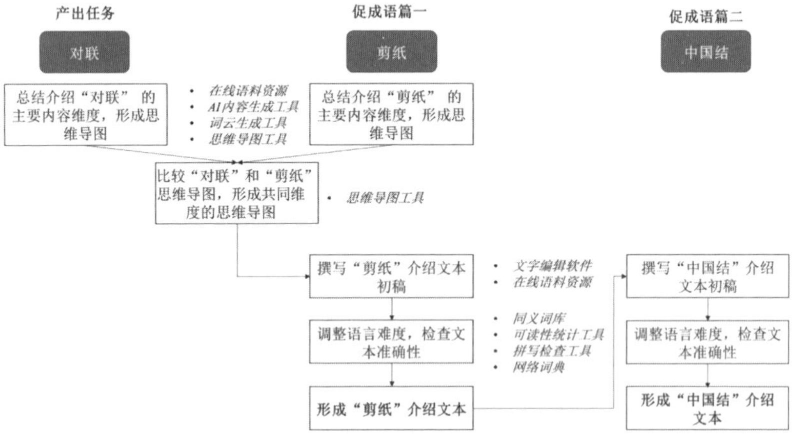

图3-2 教学流程及技术应用

(一)驱动环节

驱动活动包含三个步骤:一、交际情境的创设与呈现。教师展示多媒体驱动材料,或利用虚拟现实技术支持的网络社交空间等线上和线下途径提出交际任务,交代交际场景,发起认知挑战;二、尝试产出内容的组织与生成。学生借助技术工具就交际任务进行独立或小组内的头脑风暴,形成写作灵感,尝试形成作文框架或语篇;三、尝试产出内容的展示与分享。教师和学生借助信息化教学工具实时分享尝试产出的过程和成果,教师予以指导和监控,带领学生分析现有能力缺口及完成任务的重点和难点,对产出作文的具体要求和评价标准做必要的解释。

(二)促成环节

促成环节教学活动包含三个步骤,在实施中可以根据实际情况进行灵活调整:一、教师对输入内容的讲授与演示。教师通过线上线下渠道发布输入语篇等教学资源,提出问题并收集学生反馈,讲解相关内容,检查教学效果;二、学生就输入内容进行学习和练习。学生根据具体需要,从内容、语言和话语结构三方面进行选择性学习,理解和发散主题内容,挑选、模仿或发展语言表达方式,识别、理解和运用语篇结构特征。教师对学生学习情况进行持续检查、指导和监控;三、对促成成果的展示与分享。学生通过列提纲或绘制思维导图形式重构、补充写作内容,将选择性学习成果迁移运用至自己的作文中,通过展示和分享获得教师、同学或其他更广范围的反馈,从而完善写作产品并提交纸质或电子版作文初稿。

促成活动的设计体现模态转换性和认知进阶性特征。首先,模态转换应将输入与输出相结合、即时和延时转换相结合,具体指学生将促成材料中的图像、声音、文字、表格等多模态输入元素通过听写、复述、讨论、总结、画图、列提纲、点评等教学活动实现模态转换输出,完成选择性学习,应用于产出任务。模态转换活动应包括课上在教师指导下的课堂活动,还应包括课后学生自主完成的课时作业。认知进阶性则是指教师根据“布鲁姆教育目标分类理论”,设计由识记理解,到运用分析,再到评价创新的认知层次递进的促成活动,使学生语言基础得以夯实,思维能力得以拓展,最终获得解决现实问题的能力。

(三)评价环节

评价环节的活动流程贯穿课前、课中、课后,课时安排可根据教学效果灵活调整,具体分为师生共同评价、计算机评价、人工评价(同伴评价和教师评价)、补救性教学和形成学生档案五个步骤。一、师生共同评价:师生共同评价是对作文一稿的过程性评价。评价环节开始前,教师应浏览所有学生提交的一稿作文,发现共性问题和典型作文,设计针对共性问题的教学材料。课上,教师展示一稿总体完成情况,引领学生共同对典型作文进行分析、讨论和评价,并适当补充讲解和练习,实现以评为学。二、计算机自动评价:教师借助作文自动批改工具对学生作文进行自动评价,输出个人和班级作文分析图表,辅助教师和学生发现写作问题、提供写作建议。三、人工评价:学生通过线上或线下渠道提交作文,根据评分标准开展同伴间的作文互相批改和打分,再交由教师进行第一次教师评价。

所有评价结果交还作者进行修改和完善后，提交二稿进行再次评价，作为终结性评价结果。四、补救性教学：在二稿评价后，需要教师综合评估教学成果，针对学生在学习过程和成果中仍未解决的共性突出问题灵活设计补救性教学。教学形式可以是教室内面对面教学，也可以通过提供教学课件、教学视频、语言测验等进行线上学习。五、形成学生档案：教师将学生学习过程收集、存储，建立学生成长档案，为教学评价提供数据支持，为反思和改进教学提供参考。

值得一提的是，混合学习环境下基于产出导向法的高中英语写作教学对信息技术的创新应用要在充分考虑教学实际的基础上进行。根据EdTechTeacher的格雷格·库洛韦茨（Greg Kuloweic）提出的“应用粉碎（App smashing）”和丽莎·约翰逊（Lisa Johnson）的“应用协同（App synergy）”的观点，单一信息技术往往不足以完成教学需求。媒体的选择和制作都对应相应的成本和预期的使用价值，而混合学习的关键在于适当地选择与组合媒体，以实现最小的可能成本和最大的教学效率。因此，为高效地完成教学任务，教师需要对多种信息技术进行打破和重组。根据教学环境的实际条件，结合教学的具体目标，考虑媒体资源的便捷性和适用性、教学环境和设备的容纳性、操作的便捷性、师生的隐私安全性等多重因素，综合运用多种技术，实现协同增效。

第六节　本章小结

本章首先提出混合学习下高中英语写作的产出导向法教学总体设计的理论依据，分别对产出导向法和信息技术与课程整合理论进行分析，阐释了两个理论对于写作教学的目标、内容、活动和评价设计的指导意义，并参照现有学习困难对写作教学的四点启示，确立了教学设计的四点基本原则：教学目标方面，创设仿真语言输出情境，将多元目标融入问题解决；教学内容方面，优化语料内容与形式，关注模态转换实现深度学习；教学活动方面，设计技术赋能的教学互动，促进语言“学用”进阶；教学评价方面，开展技术增强的协同评价，提供全面的个性化写作反馈。然后，以此为依据，形成了包含教学目标、内容、活动和评价要素的教学设计基本框架。

第四章　高中英语写作的产出导向法教学初步实践

在混合学习环境下基于产出导向法的高中英语写作教学的总体设计原则、设计框架及实施流程基本确立的基础上，需要进一步考虑如何结合具体的教学情境和教学内容开展教学实践的问题。笔者采用行动研究的方法，通过多轮迭代，探寻设计框架的实施和应用方法。笔者首先于2020年9月15日-10月23日开展了第一轮行动，并形成对混合学习环境下基于产出导向法的高中英语写作教学实施的初步认知，逐渐熟悉教学流程，考查各环节实施效果，总结教学的收获与不足，继而对教学设计与实施进行反思与优化。

第一节　教学设计

根据前文建立的教学设计框架，第一轮行动的研究设计首先从教师、学生、教学环境等方面对课程基本情况和教学目标进行分析。

一、教学基本情况分析

首先，对教师进行分析。在行动研究中，教师就是研究者，教师作为教育活动最主要的参与者，对教学实践中的问题具有充分的参与权和发言权。授课教师即笔者本人，笔者为英语专业毕业，具有海外求学经历，对英语学习和英文写作有较多的实践经验和心得体会。笔者归国后从事高中英语教学工作六年，拥有三届毕业班教学经验，对英语学科课程标准、英语教学的理论和实践有比较深入的了解。此外，笔者对信息技术具备浓厚兴趣，能够熟练获取并制作常见的教学资源，乐于主动探索信息技术在教学实践中的应用。教学风格方面，笔者认为学习发生于学生对知识的建构过程中，因此教学中主张以学生为主体的教学，着力营造轻松、互动的学习环境，并提倡充分发挥混合学习环境的优势，提升学生主动学习、终身学习的能力。

第二，对学生进行分析。本书对学生的分析维度包括一般特征、入门语言能力、学习困难程度、信息化学习能力等。根据学生信息档案，笔者执教班级共有29名高一新生，其中男生15人，女生14人，年龄15-17岁，所有学生均来自学校所在省份的省会城市和附近市、县，其中超过一半的学生在周一至周五住校，周末回家，其他学生周末也住在学校，仅在长假期间回家。就学生英语写作的入门能力而言，笔者为确定学生的基线水平，在研究初期进行了以“First Impression”为题的英语写作测试，题目内容为“以‘李华’的身份给美国朋友Chris写一封信件，描述自己入学两周后对高中生活的第一印象”。该题目是学生高中入学英语考试的书面表达部分，通过对学生作文的文本分析发现，学生在语言运用方面，基本能够正确地运用简单词汇和句子表达语义，但存在句式单一、简单、准确度欠佳的情况。在写作规范维度,学生总体上语言正确率较高,但在大小写、标点符号、体裁格式上有所欠缺。在写作内容方面,学生能够基本做到符合题意,但部分内容体现出较为空洞、冗余、交际性差的特征。可见,学生的英语写作的初始能力整体偏弱,多数学生能够勉强完成写作任务,但存在多方面的不足。就学生学习的困难程度而言,笔者通过问卷和访谈调研发现,学生存在较多写作学习方面的困难,例如有学生在写作学习中心理状态较差、效能感较低,部分学生认为自身语言知识存在不足,对英语学习阻碍较大,英语写作学习难度较高,对以往的英语写作教学方法满意度低,认为语言应用环境缺乏等。在信息化学习能力方面,学生对信息化教学的有效性意见比较分散,认为自身信息化学习的基础能力比较薄弱,但对信息化教学表现出强烈的意愿,期待信息技术融入英语写作课堂。

第三,对教学环境进行分析。笔者任教于一所私立普通高中,学校实行封闭管理制度,并规定学生在校期间不能使用电子设备。教师配备有个人笔记本电脑、智能手机等联网移动设备,教室内无线宽带覆盖,有联网大屏电视机、联网打印机、复印机和扫描仪等信息化教学设备,能够满足在常规教室进行联网互动的多媒体教学需求。笔者所在年级英语课时每周6节,每节40分钟。在满足课程标准要求的前提下,学校、学生及家长充分尊重任课教师的教学安排,支持并鼓励教师根据实际情况对具体教学内容进行一些合理的改编及调整。笔者选用高中规定教材为依托,辅以教师搜集或自编的课外资源展开教学。授课顺序按教材单元进行,授课进度在遵循学校规定、参考同类学校基础上根据实际需要进行微调。

二、教学目标与产出任务的设计

结合对课程教学目标的综合分析,笔者首先制定了高一阶段英语写作课程教学目标:首先,语言能力方面:(1)学生能够运用英语描述与学生生活密切相关的事件或活动;(2)运用适当的语言手段表达逻辑关系;(3)选择合适的体裁和语体;(4)根据表达需要运用合适的基础词汇和语法结构。第二,思维品质方面:(1)能够分析、梳理和概括信息;(2)初步运用英语评判和表达个人观点。第三,文化意识方面:(1)初步运用英语介绍和比较中华及英美文化;(2)形成正确的价值观,坚定文化自信;(3)具备一定的跨文化沟通和传播中华文化的能力。第四,学习能力方面:(1)树立正确英语学习观,提升英语学习兴趣和自信心,提高自我效能感;(2)扩充和正确利用学习资源,掌握获取学习资源的方法和渠道;(3)能够利用笔记、图表、思维导图等收集整理信息;(4)有合作学习的意识。其中,提高语言能力是提高其他三项核心能力的基础,是本阶段的重要目标之一。另外,鉴于前期调研反映出的学生情感体验和学习策略欠佳的现状,教师将提高学生英语写作学习兴趣和信心,掌握英语学习方法等作为课程教学目标的重点。

产出任务设计是对课程目标的进一步细化,是从教学单元的层面对学生写作输出成果的设计。笔者基于《人教版高中英语(必修第一册)》欢迎单元(Welcome Unit)以及第一单元(Unit 1)两个单元进行产出任务设计,主题关于青少年生活,教材语篇和词汇主要关于高中新生面临的挑战、心理状态和应对策略,目的是帮助学生熟悉高中的学习和生活。

逻辑上两个单元话题具有延续性,主题上与学生现实生活面临的情境具有很强的相似性,学生对这两个单元的话题比较熟悉,容易引起共鸣。此外,这两个单元整体词汇量和语法内容难度适中,学生学习积极性较高,对教师教学配合度高,因此笔者决定将这两单元的教学设计与实施作为第一轮行动研究。

两个单元教学目标和写作主题上具有延续性,但在教学流程和作文产出成果上相对独立。根据本书提出的产出任务设计原则,笔者将欢迎单元写作设计为以描述入学后心情,以“First impression”为主题的一篇短文,遵循产出导向法驱动场景设计的四要素,通过该任务赋予学生高中新生“李华”的身份,以写电子邮件的方式与自己刚刚回到美国的好友Chris交流近况,描写自己初入高中的心境。该身份和话题符合学生的真实身份和生活情境,电子邮件也是较常见且为学生所熟悉的跨国交流方式和体裁,与朋友交流近况的交际场合对学生语言表达的准确性、正式程度等语言运用要求较低。根据单元写作要求和研究需要,笔者将此次作文任务定为邮件的主体部分(邮件的开头和结尾已给出),以此作为首次产出任务。

与欢迎单元类似,第一单元的写作任务以“Challenges in high school”为主题,学生的交际身份、场景保持一致。笔者要求学生通过本单元学习,可描述自己入学后面临的多方面挑战,并以完整的求助信形式呈现,这与教材要求“写一封建议信”的写作任务不同。笔者将写作任务体裁调整的原因有二:(1)体现写作的交际性和目的性。经过欢迎单元的写作学习,学生对如何描述情感和表达原因有一定的基础,基于此将独立的句子和段落丰富整合,形成求助信,比较符合学生作为新生,对高中生活还处于迷茫和适应阶段的现实情境,因而赋予此次写作任务以较为真实的交流情境和需求;(2)教材语篇为求助信提供较多思路和启发,减少学生因促成材料过少产生雷同作品的可能性,也不需要引入大量课外语料输入资源。第一单元的两个阅读语篇都有对"挑战"较为丰富的语料资源,包括词汇如 challenge, quit, confused, anxious, terrible 等,句型如 I had to..., I was unhappy but... It'll be quite difficult to ... too ...to... 等,语篇组织手段包括序数词(如 firstly, secondly 等)、副词(如 too)和连词(如 but)的应用,内容涉及课程选择、课外活动(extra-curricular activities)、社会关系(如与家长、同学)等。

笔者将第一轮行动的单元写作教学目标归纳为:(1)语言能力目标:通过课堂互动和自主学习,学生能够在输入语篇找到表述心理状态、高中生活及所遇挑战的词汇及短语,以及表达因果关系的句型各三个以上;在多轮师生反馈后,学生能够写出一个表达对高中生活第一印象的篇章,语言形式基本正确,表意基本清楚,语体和文体基本符合题目要求;允许语言表述存在一些错误,但不严重影响语义的表达;(2)思维品质目标:通过教学互动中学生对写作思路的整理,学生能够梳理出写作内容中的因果关系、并列关系等逻辑关系各一个以上,并通过恰当的语言结构体现在自己作文当中;(3)学习能力目标:通过在教师指导下的对输入材料的自主和小组间学习,学生能够借助学习笔记、思维导图对信息进行梳理和归纳;通过信息技术支持的教学互动,建立通过互联网等教育资源查找学习资料的意识,有与同学合作学习的意识和愿望,初步建立英语写作乃至高中英语学习的动机和自信心。

三、教学内容与输入语篇的设计与开发

根据单元整体教学目标和产出任务目标,综合考虑混合学习环境下基于产出导向法的高中英语写作教学内容设计要点中的整体性、聚焦性、适中性设计要求,笔者设计了本轮两次写作教学内容,并制作或者调整输入语篇的文本内容和呈现方式。

以第一单元为例,笔者从教学内容的整体性要求出发,选取了教材第 11 页"The freshman challenge"短文和第 19 页练习题中关于"Teenagers'problems"的若干语段,并从网络获取了"Parent-teen conflict"的动画视频作为本单元输入语篇。三个语篇均符合"学生经历的挑战"这一单元主题,语篇内容涉及高中生在学校、家庭、社会多个情境中遇到的难题,语言表述准确、多样,内容丰富、完整,体现语言在真实交流语境中的运用,融合了语言的形式、意义与功能。同时,为体现促成语篇的聚焦性,用 Camtasia 9 软件删减了"The parent-teen conflict"视频语篇的

部分内容,使内容聚焦“挑战”的主题。第三,为确保输入材料难度的“适中性”,笔者分别利用Microsoft自带的可读性统计插件,对输入语篇的所有文字部分进行了可读性信息统计,重点考查文本的Flesch Reading Ease(阅读难易度)、Flesch-Kincaid Grade Level(可读性等级)。图4-1分别表示第一轮行动两次作文教学第4页、第5页、第14页、第19页语篇、教师自编语篇和“Parent-teen conflict”视频中的文字部分的可读性信息。根据检测结果,笔者调整了部分语篇的促成目标,综合考虑话题相关度、语言难度和字幕呈现,利用Camtasia 9视频编辑工具截取了视频语篇的前半部分,并减慢了播放速度,避免材料语速过快造成的理解困难。所有输入语篇均为课堂环境中集体学习,文本文字均在教材直接呈现,动画短片则嵌入教学课件供课堂上播放。

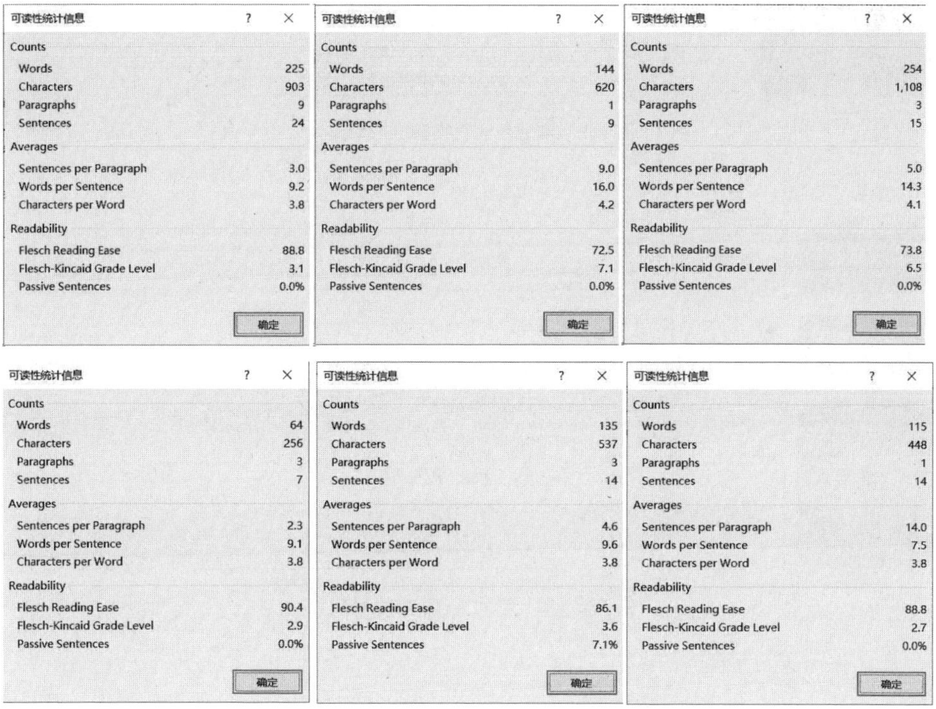

图4-1　第一轮行动促成材料文本可读性信息

五、教学活动与各环节设计

本轮教学活动依据总体设计框架的内容包含情境创设与呈现、内容生成与组织、内容展示与分享、教师讲授和演示以及学生练习与测试五个类型,分别融入驱动、促成和评价三个教学环节。教学环节、教学内容与教学活动对应关系见图4-2和图4-3。

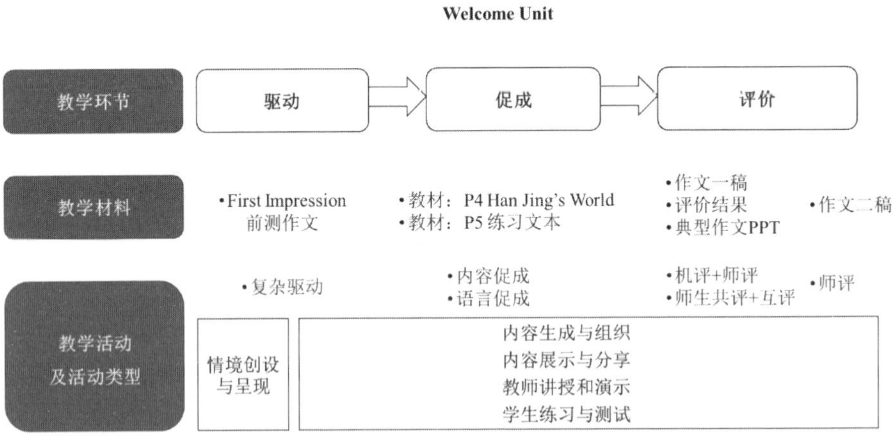

图4-2 欢迎单元写作教学活动设计

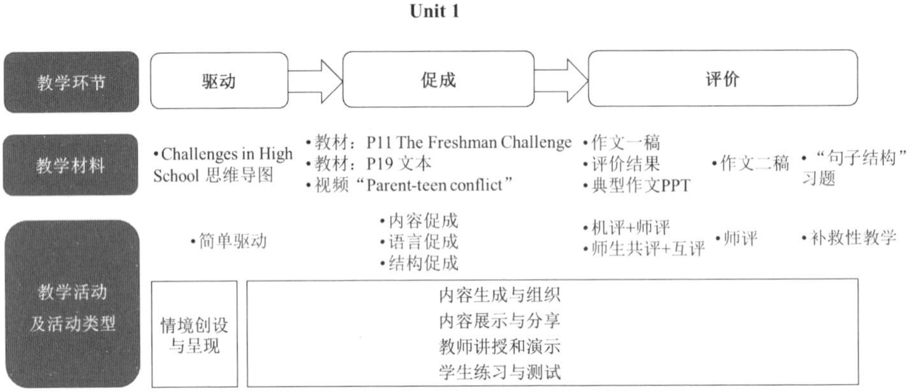

图4-3 第一单元写作教学活动设计

（一）驱动环节

驱动活动注重充分性和渐显性，流程上按呈现交际情境、尝试产出的组织与生成、尝试产出内容的展示与分享三个步骤开展。欢迎单元的驱动环节以复杂驱动的形式进行，借助入学英语考试的机会设计了以First impression为题的写作题目，由学生在考试环境中直接进行尝试写作，尽可能调动已有知识与能力，真实体验困难和不足，同时体会提高英语写作能力的紧迫性和必要性。在课上，为使产出缺口逐步具象、细化，笔者对学生尝试产出的文本进行分析，并展示部分学生作品，与学生共同分析产出要求、共同总结产出困难。第一单元的驱动环节以欢迎单元所写“邮件”的“收件人”Chris回信内容(图4-4)为依托，要求学生以“Challenges in High School”为题撰写回信。笔者利用QQ邮件网站(mail.qq.com)仿制了李华和Chris的电子通信截图，呈现电子邮件英文界面，用PPT课件在课堂中展示，给学生一种真实且具有交际往来的临场感，增强其写作的动机，培养学生的读者意识。驱动形式采用简单驱动，学生先独立在纸上绘制由关键词构成的作文思维导图，利用教师的手机拍照投屏至班级的大屏电视，共同分享讨论，确定产出目标和具体困难。

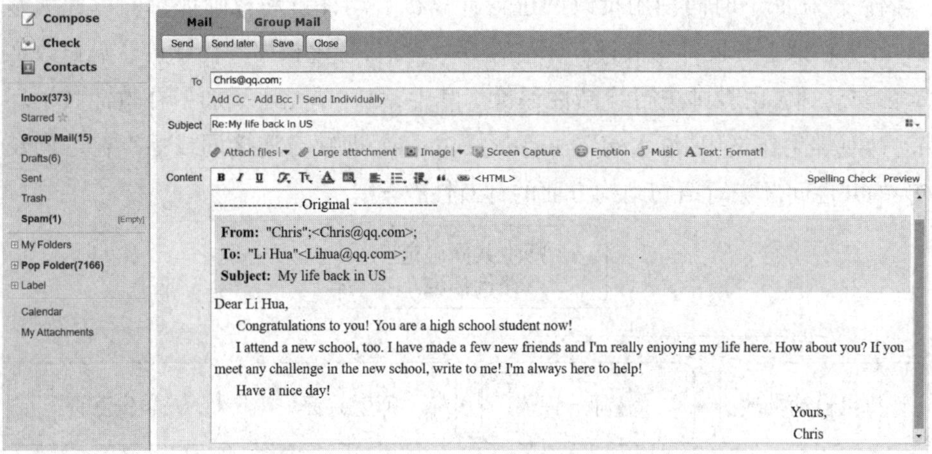

图4-4 第一单元产出任务场景呈现

(二)促成环节

促成环节的设计注重模态转换性和认知进阶性的体现，在具体流程上包括教师讲授和演示、学生学习与练习以及展示与分享促成成果，从写作内容、语言和结构三个方面，根据教学内容综合设计，穿插在促成环节之中。欢迎单元的促成环节围绕教材第4页“Han Jing's World”和第5页“Word Study”两篇文本展开，借助填空、仿写等习题形式和课堂讨论、分享等课堂活动，从主题内容和语言表达形式两个方面进行难度递进、认知层级逐步提升的促成活动。鉴于促成材料中较少涉及语篇结构相关知识，考虑到课堂容量和教学目标等方面，笔者对结构促成相关内容进行弱化；第一单元促成环节借助“Parent-teen conflict”为主题的视频和教材第19页部分习题中的语料，辅以教材第11页“The freshman challenge”文章，分别设计课堂问答、小组讨论等课堂互动，从内容、语言和结构维度进行全面促成。笔者引入手机拍照投屏技术手段支持课堂互动,利用个人手机的投屏功能,对教学中学生书写的实时产出的内容,如绘制的思维导图、语言片段或习题答案等进行拍照,并投屏分享至班级的网络电视,实现课堂生成的即时共享。

(三)评价环节

两个单元的评价环节按照"确定评价标准——计算机评价——教师一评——师生共评——学生互评——提交二稿——教师二评"的顺序展开(图4-5)。一稿评价在课下时间利用批改网进行计算机自动评价和教师评价。以此为基础,师生在课上开展师生共评和学生互评。然后,学生根据一稿评价意见修改文章,提交二稿,由教师进行终结性评价。其中,第一单元还增加了补救性教学环节,针对学生作文中"流水句"(run-on sentences,即缺乏连接词或标点符号的长句)的共性问题进行语句结构方面的针对性教学。

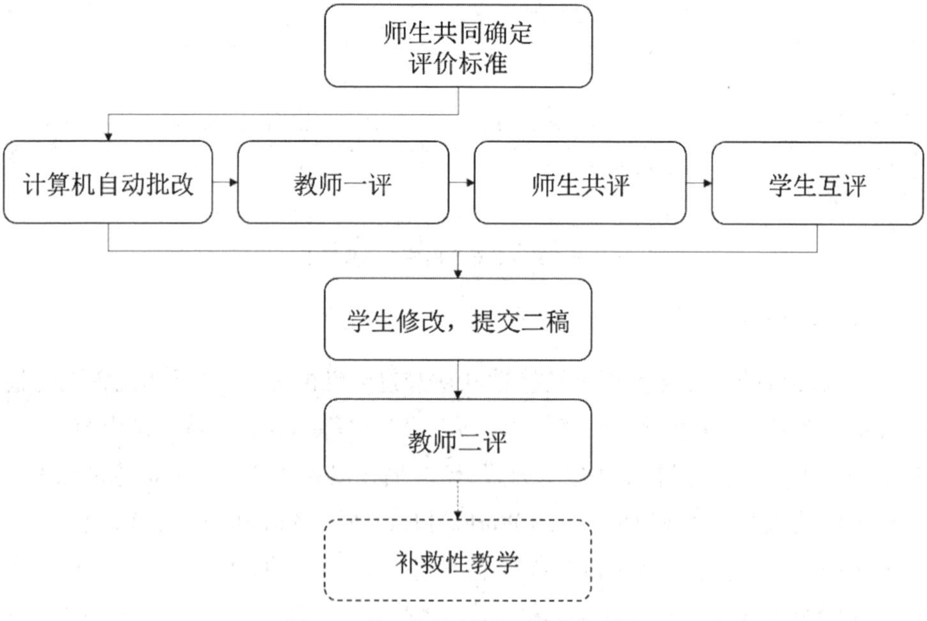

图4-5 第一轮行动评价环节具体步骤

课上的师生互评环节借助手机进行实时投屏,并做必要的勾画和标记。此外,教师利用手机的手写识别功能,在驱动环节挑选高、中、低分数段各一个具有代表性的学生,将学生尝试产出的手写文本转换为数字化文本,使用PPT在课堂上呈现。此种呈现方式在不暴露学生隐私的基础上,展示了真实的学生水平,帮助学生发现英语写作的能力缺口，激发学生写作学习欲望。

作文自动评价则利用“批改网”实现。教师先将学生作文进行手写识别，再将数字化文本上传至平台进行自动评价和打分，生成班级报表。补救性教学中，教师利用“易 100”自动阅卷平台，针对学生第二次作文中多次出现的“流水句”问题进行专项练习和检测。教师将设计的题目上传至该网站后，打印试卷和答题卡。学生填涂纸质答题卡后，由教师统一扫描上传至平台进行统计分析，将学生作答情况进行可视化展示，师生可直观了解班级总体和学生个体的学习情况，并做针对性指导。

第二节 教学实施

教学实施前,教师首先向学生简要展示了根据入学考试作文分析得到的学生作文中存在的问题,并与学生确认学习需求。然后,教师向学生告知写作教学设计,阐释教学设计实施的必要性和预期效果,与学生达成共识。接下来,带领学生体验计划中涉及的信息技术应用,如投屏、自动批改答题卡、批改网、手写识别等,确保计划的可操作性。在确定全部学生了解学习计划后,根据混合学习环境下基于产出导向法的高中英语写作教学流程,按照驱动环节、促成环节、评价环节三阶段展开第一轮行动。

一、驱动环节的实施

按照教学设计,欢迎单元驱动环节采取了学生直接参与的复杂驱动,学生限时独立完成完整的作文产出。根据教师对学生尝试产出内容的分析,确定了学生已有能力水平和完成产出任务的目标之间存在的缺口。

教师课上首先引导学生归纳产出困难,发放标有师评作文总分的学生作文,引导学生讨论两个问题:(1)如何评价自己此次作文的完成情况?(2)需要从哪些方面改进此次作文?教师试图通过对这两个问题的思考,引导学生认识和肯定自己的已有能力,提高写作的信心,同时明确产出困难,为后续学习提供清晰的目标和方向。

回答第一个问题时,学生踊跃表达自己的感受,教师在黑板上写下了学生归纳的写作感受的关键词,包括“不想写”“不知道写什么”“词汇和句型积累少”“想写的不会写”“语法错误多”等。回答第二个问题时,学生相对沉默了一些,只有少数同学发言,关键词包括“多背单词”“背好的句型或模板”“加强语法”等。通过梳理这些关键词发现,学生对写作展现出一定程度的自我否定,不仅对自己已有的成绩和成就只字不提,甚至对自己展开不留情面的“吐槽”。此外,学生对具体主题的写作缺乏针对性的分析,对这些方法的表述又是非常笼统、难以测量、无法在短期实现的。笔者意识到,在首轮写作教学实施中,或在高中英语写作教学的初级阶段,驱动环节的首要任务是引导学生将注意力聚焦在具体的产出目标上,并把目光更多投射到自己的已有能力上,先帮助学生认识到写作任务对自己来说是可以完成的。在此基础上,再引导学生思考产出的难点,并且将困难进一步具体化,难度适当降低。

因此,在本轮两次写作的驱动环节,笔者将驱动问题进行了细化。如第一次写作中,先结合事先挑选的三篇学生尝试产出的作文,与学生共同分析了三个问题(图4-6),分别为:(1)在此封邮件中,如何体现作者与Chris的关系,并描述此次交流的目的?(2)已经写出了关于高中生活印象的哪些方面?你还希望增加哪些方面使文章内容更丰富和充实?(3)你希望从哪些方面对已有内容进行改善?此时,学生能够更好地关注到任务本身,以及自己已经达到的高度,并能够在教师引导下总结出已经做到和需要做到的:(1)学生已经能用常见的信件开头和结束语句对Chris表示问候和想念,可以通过关切Chris身体情况和美国的新冠肺炎抗疫情况等,提高写作的交际真实性和时效性;(2)能用简单的词句描述自己的新身份(红星中学新生)、有关新朋友的信息、学业方面的挑战和对Chris的问候和求助,可以增加对寝室生活和课外活动的描写,但需要补充诸如“寝室”“室友”“社团”等相关词汇;(3)学生需要通过改正拼写及语法错误等提高语言准确性,通过增加关联词把句子写长。

(1) Is the relationship between you and Chris clearly shown? Is purpose of the email clearly presented?

(2) What aspects of high school life are included? What other aspects can be added?

(3) What else would you like to do to improve the article?

图4-6　欢迎单元为明确产出困难的提问

第一单元作文是在欢迎单元基础上进行,此次作文选择了更为省时的简单驱动。在阅读Chris回信后,由学生直接讨论回信的主要内容,并以关键词形式在自己的草稿纸上写出来。经过约5分钟的讨论,多数学生都能够写出一些关键词、短语或短句,所以随机选取了完成度较高的几名同学的尝试产出进行投屏,教师将其总结为学业和生活两个方面(见图4-7)。

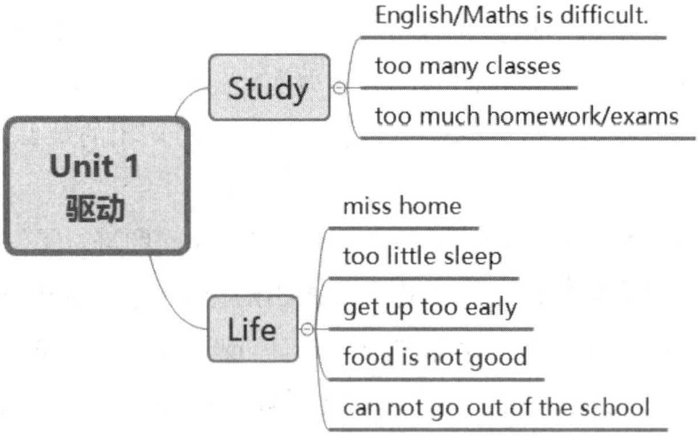

图4-7 第一单元学生尝试产出的内容汇总

多数同学以思维导图形式呈现短语或句子，少数几名同学写了较完整的段落，还有几名同学以列表的形式进行词句的罗列。但也有个别学生出现了偏离主题的情况，如有学生写道“I found my classmates very friendly and helpful”。此句是欢迎单元写作促成材料中的一个结构，是学生认为的“高级句型”，但语义上不符合本单元“挑战”这一主题。教师首先肯定了该生知识迁移的积极态度和尝试，但提示学生要时刻注意内容与主题的相关度，结合语境灵活运用已学结构，强调相较于语言的正确和复杂，内容准确切题更加重要。

第一单元尝试产出的课堂氛围与欢迎单元不同，学生不再表现出胆怯，反而在分享驱动成果时跃跃欲试，纷纷主动要求老师将自己的思维导图（或写作提纲）投屏，显示出很强的自信心。因此，笔者继续引导学生思考实现高质量的产出还需要做哪些努力，具体问题包括：(1)在此封邮件中，你与Chris交流的目的是什么？需要怎样在文中体现？(2)已经列举的关于高中的挑战涉及哪些方面？有哪些你想到但不知如何用英语表达的方面？(3)你希望从接下来的促成和评价环节获得哪些信息来改善作文？学生讨论后口头发言，教师在黑板上记录关键信息：(1)交际目的是通过信件诉苦和求助，需要遵循信件格式并丰富有关负面情绪和寻求帮助方面的表达方式；(2)能够简述学业和生活方面造成困扰的事件，但不知道如何表达“困惑”“迷茫”“压力”等心态相关的表达方式，以及“高考”“会考”等具有中国特色的专有名词；(3)通过促成环节补充主题相关词汇和句型，以及语句衔接手段，通过评价环节提高语言准确性。

两次作文的驱动均以学生直接参与的形式进行,第一次尝试完全产出,第二次仅尝试产出关键词句,驱动效率有所提高,学生参与的积极性和自信心有所增强,发现产出困难的过程也由开始的十分模糊、抽象到后期的逐渐清晰和具体。

二、促成环节的实施

促成环节按照“内容——语言——结构”的促成顺序,依据教材课文材料、补充文本、多模态促成材料进行逐一促成。

在欢迎单元,首先对教材第四页Han Jing's World语篇进行理解。笔者提出三个促成活动如图4-8:(1)讨论。判断该篇章可能的出处、主要话题和大体结构;(2)填空。在原文中找出表示Han Jing心理状态和原因的词或短语,完成句子;(3)仿写/造句。利用上一题找到的词句结构对驱动环节尝试产出的语句进行修改。其中,讨论由教师口头提问,学生口头回答。开始时学生没有很快发现篇章的特点,而是直接进入文章细节阅读。教师提示观察文章的配图和布局后,一些学生迅速回应Han Jing的日记内容是按照时间顺序安排的。此后,教师继续提示学生仔细观察文字以外的页面的细节特点,部分学生意识到这是一篇可分享评论的网络日记。虽然此体裁与产出任务的“电子邮件”不完全一致,但引导学生判断出处对于提高学生写作体裁意识和组织结构意识,且对理解文章具体内容有帮助,而且两者都是网络文体,在整体结构布局呈现上有相似之处。填空由学生在教师设计的导学案上独立完成,教师使用手机等移动设备投屏到大屏幕上核对答案,学生基本可以正确作答,并做到意义和词形的统一。手机投屏展示答案效率很高,能直接呈现学生的回答,对错误之处可直接批改,也利于其他同学对照答案进行修改。而且学生对于能够看到自己或同学的手写答案显得比较兴奋,对特别工整的书写会发出赞叹的声音。

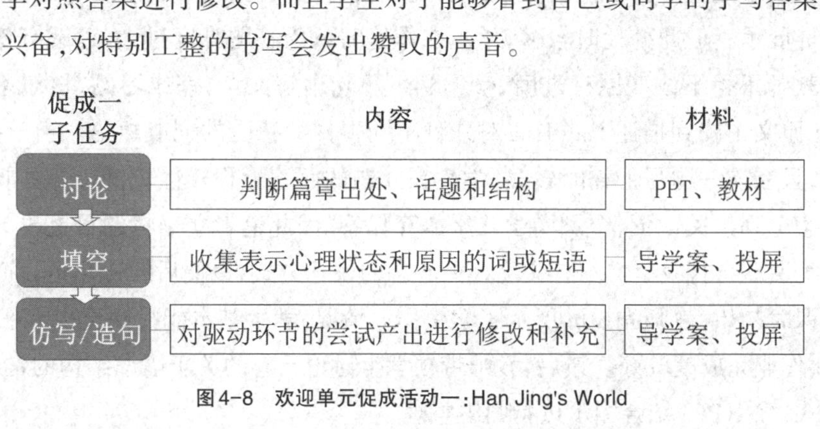

图4-8　欢迎单元促成活动一:Han Jing's World

笔者通过回收作业(图4-9)并分析文本发现:(1)学生能够做到从输入文本中选择合适的词汇和结构描述心情并解释原因,但仍有较多学生不能准确区分同根形容词。考虑到教学目标,笔者认为同根形容词的辨析虽非教学计划的重点,但已经影响了很多学生的产出质量,有必要进行详细讲解。因此笔者结合已有例句讲解二者区别,并列举了更多例子,由学生口头讨论和选择;(2)学生挑选的句式较为单一。多数学生表示心情多用I am或I feel句型,引出原因则多用because或that引出。也有少部分同学可以应用更高级的句型,但这增加了其语法错误的概率。

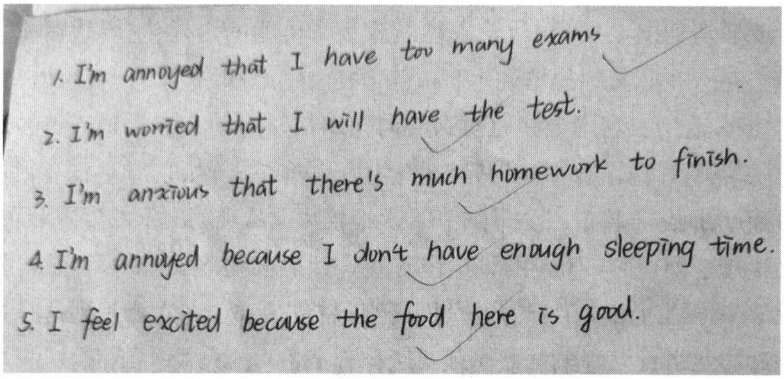

图4-9 欢迎单元促成活动一:学生练习示例

第二份促成材料选取教材第五页“word study”进行。该文段中间穿插了选词填空题,以第三人称描述,文风更正式,句式更复杂。促成活动同样分为三个:(1)学生独立阅读后完成关于文章主旨的单选题。题目以PPT呈现,通过课堂回答情况发现学生对文章主旨的理解比较准确;(2)用所给单词或短语的适当形式填空使文章完整。由学生自主填写后经小组讨论,再由老师将学生作答情况进行投屏展示。但此处耗时较多,学生在作答时认为答题难度过大,理解有障碍,因此教师不得不改变原有进度,带领学生逐句理解文章,完成习题,核对答案;(3)在原文中找到描述Tian Hua对几种不同事件的感受的词或短语。由于接近下课,且在前一题目上耗时较多,学生在此题的解答上积极性较低,多数同学仅在学案上列出关键词,个别同学几乎放弃作答,因此笔者立刻将题目更改,仅要求学生课后自行找出文中有关主人公心态的表达方式,以便后续优化语言产出。第四课时初始,教师先投屏展示了学生作业情况,学生基本能找到至少4种表达方式,作业完成度较好。最后,教师带领学生讨论已有的关于语篇结构的常见表达方式,并用PPT结合图示进行归纳整理。

第二次作文的促成活动同样按照难度递增的顺序安排促成材料，先后从“内容——形式——结构”三方面进行促成。首先理解习题三个短段落，然后观看“Parent-teen conflict”视频，理解并转述主人公Mario的烦恼，最后对“The freshman challenge”进行针对性阅读。三个材料均结合单选题和连线题等客观题型，先进行文章内容的初步检测，帮助学生理解主人公遇到的主要挑战。再利用填空题引导学生挑出表达不同挑战的具体用词和句型，提升学生对语言表达多样性和句间逻辑关系表达方式的关注。最后，再依照促成环节所总结的内容，对尝试产出的内容进行补充或改写。每项活动都需借助投屏工具展示促成结果，再由教师和学生进行简要评价。

在第二次作文的促成活动中，笔者首次利用视频材料进行促成。学生对于观看动画短片热情很高，观看的同时思考两个问题：(1)主人公是谁？具有什么身份？(2)主人公的困扰主要与哪些人有关？这两个问题比较宏观，学生观看一遍后可以回答。接下来教师带领学生再看两遍动画短片，记录至少三条困扰，并将关键词写在学案上。但出乎意料的是，虽然动画中有很大一部分内容从用词、句子难度和语速等方面来看均比较简单，学生看过两遍后表示“看的时候都懂了”，但“就是回想不起来”。于是笔者带领学生第三次观看了视频，并在每句话后暂停，学生集体逐句复述，全部复述完成后，再写出主人公面临的主要困难，最终学生对此题的完成度较好。

三、评价环节的实施

教师收集学生一稿作文后首先进行计算机自动批改，将学生作文识别并导入到电脑，通过Microsoft word编辑后打印，作为学生的互评材料。在识别过程中，发现输入法对称呼、落款等特殊格式的识别存在困难，因此仅识别了信件正文部分。此外，对书写不太工整的、字迹较轻的和书写不规范的词和标点符号(尤其是句号)的识别有较多错误，于是笔者逐一手动修改，此过程非常烦琐且耗时。校对结束后，将识别结果上传至批改网进行自动批改，图4-10和图4-11分别为两个单元的学生作品自动批改示例。然后笔者将自动批改结果打印，供作者参考，并查看了批改网的统计结果，主要参考项为班级总体的作文错误统计报告和每个学生在词汇、句子、篇章结构和内容相关四个维度的打分情况。

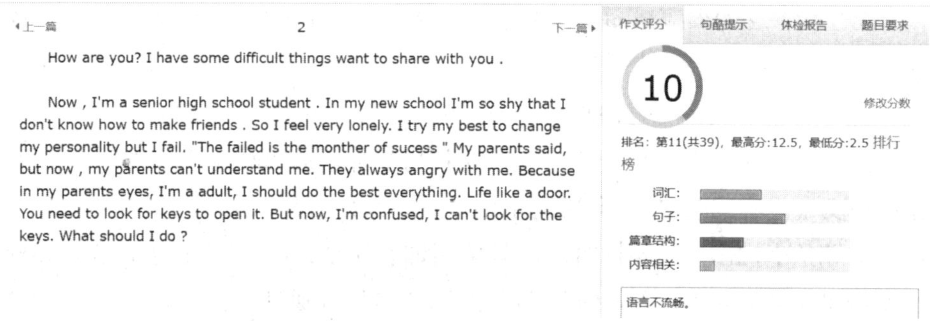

图4-10　欢迎单元作文自动批改示例

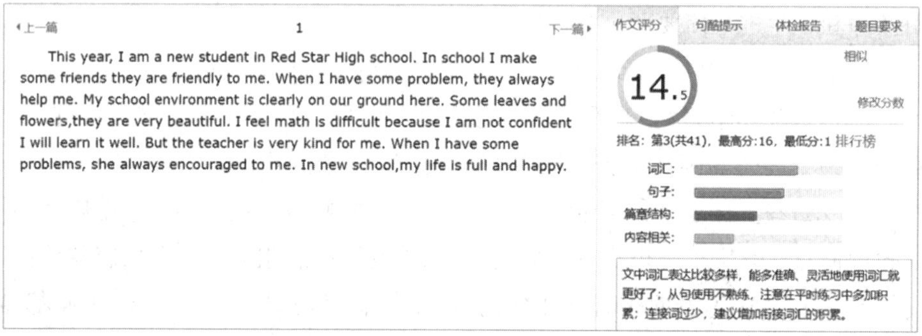

图4-11　第一轮行动作文自动批改示例

随后，教师对学生一稿进行评价、撰写评语和打分。在以往的教学中，笔者一度因评改作文的巨大工作量而产生过不情愿甚至畏惧评改的心理。因此，在进行首轮行动的教师评价时，笔者时刻提醒自己评价的主要目的和标准，在批改过程中尽量避免事无巨细地修改所有的问题和错误，仅针对不符合产出要求的主要语言错误或严重影响意义表达的语句进行直接修改（direct feedback，如改正时态、拼写、句型、标点等错误）或重新阐述（reformulation，即教师用自己的语句重写学生作文中的观点），对其他问题仅作画线提醒或暂时忽略。在教师批阅过程中，笔者一边挑选具有代表性的作文，一边总结全班作文的典型特征。两次作文的典型特征有：(1)内容维度：基本符合话题内容，能较好地覆盖写作的要点，但平均字数较少，一些学生缺乏交际意识，第一次作文中多名同学对自己介绍的语句不符合交际身份，个别同学在第二次作文中跑题；(2)语言维度：词汇和句子准确性尚佳，语体恰当，错误集中在名词复数和动词第三人称变化，个别同根形容词存在误用情况（如 boring 和 bored、interested 和 interesting），且出现较多“流水句”。句式结构较简单，多由 and、but、so、because 连接；(3)结构维度：具有利用逻辑关联词组织文章结构的意识，但是运用上比较机械、生硬，且多数同学仅注意到两句话之间的关联，对文章整体的组织缺乏规划；(4)行文规范维度：拼写较准确，能正确地使用大小写和标点符号，但对逗号的误用较多。有一定的分段意识，但合理性较差。笔者据此设计了相应的改错和选择题练习。

接下来展开课上师生合作评价，教师带领学生结合评分标准对典型样本共同分析。对典型样本的分析暴露了学生评价的三个问题：(1)对跑题等内容维度的问题可以识别，但语体意识不强；(2)学生非常关注语言准确性，但是仅能对文章总体的准确度进行模糊的感知，对具体的错误以及如何改正不是很清楚；(3)知晓一些逻辑关联手段，但语篇结构意识不强，很难识别文章中的逻辑不清、结构不明等问题。

在师生共评后，学生开展作文的互评。教师随机发放一稿互评作文材料，保证每名同学分到一篇他人的作文。学生对作文进行全面批改，根据共同制定的评价标准对文章的每一个维度打分、撰写评语和纠正语言、内容错误。学生互评时，教师进行巡视和指导，发现学生的互评进展并不顺利，多数同学只是打了总分，极少有修改痕迹。教师询问原因时，学生纷纷表示“不知道怎么改”“看不出有错误”“觉得写得挺好的”“我的英语还不如他(她)呢”等。在第二次作文的互评环节，为了降低难度，笔者在征得学生同意后，将学生对别人作文的点评投在大屏上，直观地展示了互评的方法和要点，并提示大家在互评时可以互相讨论。但是，笔者发现讨论过程中，部分同学将自己的批改任务交给了他人进行，自己成为“局外人”。

学生互评结束，教师发放了对每位同学的一稿作文的师评和计算机自动评价结果，要求学生结合三份评价结果，对一稿进行修改。学生于次日提交二稿，教师进行最终的打分、修改、写评语。

在对第一单元第二稿评价后，笔者认为学生仍存在“流水句”的共性问题，于是进行了语句结构的专项语法补救性教学，课上以讲授和课堂讨论、提问为主，课后练习以作业形式发放，题目包含单选和填空题型，学生在答题卡上作答。次日共有27人提交答题卡(2人生病请假)，教师借助自动阅卷平台进行统计分析(见图4-12)，近八成同学达到及格线或以上。教师对正确率较低的问题进行最后的讲解，通过课堂问答确定学生基本掌握该知识点后结束了第一轮行动。

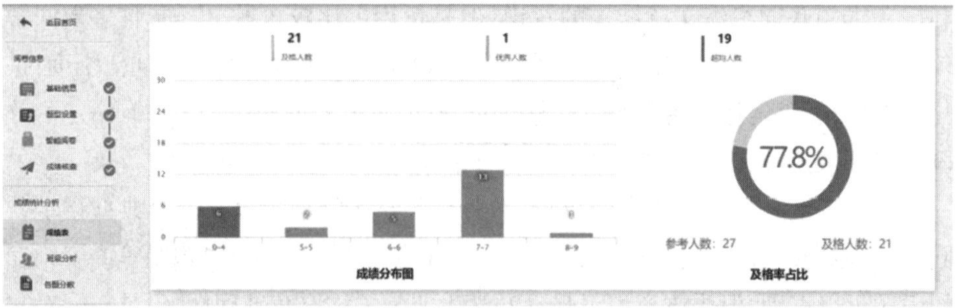

图4-12　第一轮行动，班级成绩统计

（一）教学效果分析

为回应本轮行动的研究问题，笔者分别收集了来自教师、学生和网络平台的相关实物资料和网络数据，对资料进行文本的分析，对量化数据进行统计，综合考察行动效果。

其中来自教师的资料是笔者撰写的教学日志。在第一轮行动研究中，笔者在教学设计和实施的全过程撰写了共13篇教学日志。在教学设计阶段主要记录设计思路、产生的疑问和对教学实施的预设等。在教学实施阶段，主要回顾学生的课堂表现或说过的话、课上有趣或有意义的事件（如学生出现长时间沉默、互评时学生将自己的材料交给别人）、对课堂活动的反应、需求、困惑等，并结合自己的思考，对其中的意义和关联进行分析。此外，笔者特别重视随时记录教学中遇到的困难，进行反思和追问，形成新的思考并加以记录。

来自学生的实物资料主要为学生的学习材料，本轮教学回收了所有学生的过程性材料和结果性材料共29份。其中过程性材料包括学生两次作文的导学案和学生作文评价材料，导学案主要呈现了学生在驱动和促成环节的课堂生成，而评价材料则展示学生在评价环节的计算机评价、学生互评和教师评价结果及学生对作文做出的修改等。结果性材料则是学生作文的终稿作文，为方便后续对三轮写作教学效果的纵向分析，本轮选取第一单元学生二稿作为结果性材料，对作文进行依据评价标准的质性文本分析和量化打分统计。

此外，笔者还收集了网络平台的数据，主要反映出部分教学环节的成效，为其他来源的研究资料提供补充和佐证。

通过对教师的教学日志中记录的课堂关键事件、反思和感受的分析，发现教师的教学体验整体良好，表现为：教学设计目标清晰、教学实施有依据、技术应用有实效等。

第一，教学设计目标清晰。

笔者认为产出导向法写作教学对教师的教学目标制定、材料选取和流程设计的进行提供了十分清晰的方向和轮廓。笔者在本轮教学日志中记录道：

以前，我要么直接选用教材的写作任务，要么从高考真题或模拟题中找相似类型的题目，但题目常常没有那么适配。本单元写作任务的设计却很顺利，当我把写作教学目标融合进一个适合学生认知的交际语境中，结合产出导向法驱动场景的四个要素，很快就想好了题目。

在本单元写作任务的选取上，笔者依据单元和阶段教学目标，在考虑到产出任务承载需“学以致用”、需具有“跨文化交际功能”、需提升主题语言知识的多重目标，再结合产出导向法驱动场景的四个要素（话题、目的、身份、场合），快速明确了产出任务具体内容。另外，在设计依托输入材料的促成活动时，也能做到思路清晰、有的放矢。笔者在日志中写道：

从内容、语言形式和文章结构三个维度出发设计输入材料相关习题，与以往阅读理解题目设计有相同和不同之处。相同的是，可以通过多种题型考查学生对材料的理解程度。不同的是，设计促成活动时我的脑中始终在想怎样服务产出，所以果断舍弃了一些考查词义理解和细节辨析类的题目，更多考虑宏观理解、重点语句和语篇结构相关的题目。

由于时刻关注输入材料所肩负的“促成输出”的目的，教师对相关题目的设计较为克制、针对性强、点到为止，避免“囿于细节”的无限度精讲精练。

第二，教学实施有依据。

在教学实施的进程中，尤其是遇到没有预设到的新情况时，笔者仍然可以很快地根据产出导向法的指导原则，对材料和流程进行取舍。例如，在本轮教学实施的促成环节，输入材料中有两个特殊句式引起了一些学生的注意，分别是“动名词短语作主语”和“recommend 引导宾语从句时从句用虚拟语气”。笔者当时记录道：

动名词做主语和 recommend 虚拟语气用法是两个难度较高的语言结构，高二、高三学期还会有专门的讲解，也并非本单元写作的必要句式，也不是学生在驱动时遇到的缺口，对多数学生此次作文的完成不能雪中送炭，只可能帮助极少基础较好的学生锦上添花，这不适合作为集体授课的主要内容，所以我决定，如果有学生用错了，给予针对性修改意见即可。

因此，笔者决定对这两个语言结构所在的语句进行语义的理解，不分析、讲解具体用法。相反，由于学生尝试产出和促成活动的仿写题目中都存在对同根形容词（如 relaxing/relaxed、boring/bored）的混淆，考虑到产出话题和教学目标包含能够描述心理状态和面临的主要挑战，且此为学生共性问题，笔者认为对该知识点的讲解十分必要，因此及时进行讲解，并设计了若干选词填空题进行巩固，带领学生攻克这两个难点。通过学生提交的一稿发现，此类问题已经得到很大程度的改善。笔者在行动的第一单元的反思日志中写道：

很多作文中多次出现对标点符号（主要是逗号和句号）的误用，我分析出主要原因有二：一是书写不规范，二是对英文句子结构掌握欠佳。这个问题虽然不是本单元的教学目标，但显然已经严重影响到了学生作文质量。考虑到这个问题比较聚焦且共性，我觉得将这一问题纳入教学，在补救性教学中设计专项练习。

第三，技术应用有实效。

实时投屏、促成动画视频、多媒体课件、自动阅卷平台和手写识别几项信息技术应用在此轮写作教学中体现出了较好的实效性。前三项技术均服务于课上教学，为师生共用，后两项则主要由教师在课下操作。实时投屏对优化课堂互动、提高学生兴趣和参与度的作用最为突出。笔者在教学日志中写道："在我拿着手机穿梭在学生中间随时准备投屏时，大家都盯着我，有的同学提出要看某人的答案，还有几名同学主动要求展示自己的内容，分享活动热热闹闹，这在我的英语写作教学经验中不是很常见"。实时投屏还极大提高了互动效率。例如在促成活动的仿写和造句活动中，"借助投屏，学生视觉上'看'到了内容，而不是像以前一样'听'到了同学的答案，节省了宝贵的课堂时间，也加深了印象……我把一份学生的互评结果直接投屏展示出来，其他学生发出赞叹的声音……对其他学生起到示范作用"。可见，实时投屏使课上反馈不再是点对点，而是变成点对面，互动变得高效、透明，互动成本的减少也增加了学生展示的机会，增强了学生的自我效能感。

促成动画视频和多媒体课件的作用则在于增加学生的临场感和交际感。笔者记录道："视频刚一放完，学生纷纷模仿 Mario（视频的主人公），耸着肩膀摊开手，说着'Mario this，Mario that.'语气中透露着无奈。"笔者在第一单元中模仿邮件形式展示的驱动任务也引起学生的关注，有学生开玩笑道"Chris 真回信呐！

原来这是个连续剧!”而网络平台的使用则大大提高了补救性教学环节教师批改和统计分数的效率,教师和学生都可以便捷、准确地掌握学生个体和整体作答情况,讲解时针对错误率高的详细讲解,错误率低的粗略讲解或由学生代为讲解,答题卡的引入以及手写识别功能的使用也让学生体验到规范答题、规范书写的重要性。

通过对学生的过程性学习材料的收集与分析,可以发现学生学习的效果体现出教学过程参与度、完成度高,教学结果基本达标的特点。

通过学生第一单元的导学案可以发现,驱动环节中学生的参与度和完成度良好,所有学生都完成了驱动任务,但尝试产出的质量因人而异(欢迎单元的驱动环节为完成入学考试的作文,彼时尚未进行教学干预,因而此处仅考查第一单元的驱动效果)。驱动环节学生之间尝试产出内容的丰富程度存在明显的差异。如许多同学的思维导图都比较简单(如图4-13),仅包含十几个关键词,多数都是含有三个一级维度并各列举了3个二级维度,有的维度仅有1-2个单词,且以简单词汇为主;但有三名学生的尝试产出很充分,如某学生的思维导图包含40个单词,在三个一级维度中分别列举了6个、5个和6个二级维度,并继续细化了三级维度,且逻辑清晰、语言准确度较高。通过对教学过程的回顾,能够发现驱动环节学生的参与热情比较高、写作动机较强烈,但是很多学生的思维仍比较局限、发散思维和逻辑思维有欠缺,学生的语言水平也对驱动的充分度有影响。

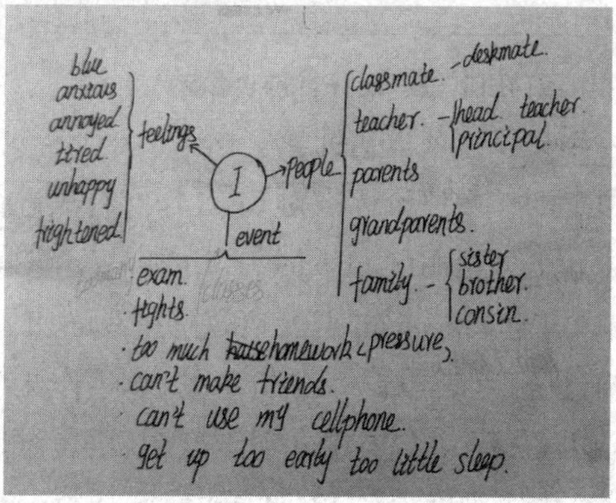

图4-13　第一单元学生绘制的驱动思维导图

促成环节的完成情况良好。通过浏览学生提交的学案,笔者发现学生都在促成文章和题目中做了一些标注或修改,所有学生都能将自己在客观性习题中所犯的错误进行改正,多数同学对仿写等开放性试题中语言表达方面的不当有修改痕迹,但仍存在少量错误。这说明学生在促成环节能够参与到教学活动中,且能够对自己的课堂即时产出做出较为准确的判断或修改。所有学生都提交了一稿和二稿,虽然长度差别较大,但每份作文都能产出完整的段落或篇章,基本符合任务主题、覆盖写作要点。

评价环节的课堂师生共评中,学生的总体参与度差强人意,能够跟随教师一起确定评价框架,并在教师带领下对典型例文进行分析、打分。但学生在互评中参与度相对较低,效果较差,笔者将在下一小节做进一步分析。补救性教学的学生完成情况主要参考自动阅卷平台的数据,可以发现除缺席的学生外,所有学生都提交了答卷,有两道题正确率100%,四道题正确率60%至89%之间,三道题正确率42%至52%之间,整体约八成学生分数达到及格以上(图4-14)。

题号 ↓	总分	平均分	及格率 ↓	得分率 ↑	难易度	标准差
7	1	0.4	42.86%	42.86%	B	0.5
6	1	0.5	45.45%	45.45%	B	0.5
4	1	0.5	52%	52%	B	0.5
9	1	0.6	60%	60%	B	0.5
8	1	0.7	73.91%	73.91%	A	0.4
2	1	0.8	84.62%	84.62%	A	0.4
5	1	0.9	88.89%	88.89%	A	0.3
1	1	1	100%	100%	A	0
3	1	1	100%	100%	A	0

图4-14 第一轮行动,平台各题目得分率

第一,教学结果:作文总体基本达标。

笔者按照提前拟定的作文评价标准对Unit1作文终稿进行逐项打分,并统计词数(WordCount, WC)、语言运用(Language, L)、内容表达(Content, C)、组织结构(Organization, O)、行文规范(Mechanics, M)和总分(Total, T)共六个维度的数据录入SPSS 23,进行描述统计(表4-1)。分析可见,学生作文总词数由32至83词不等,均值为58.97±13.062词。学生在分项维度中,语言维度得分为14-26分,平均值20.28±3.104分;内容维度得分12-28分,均值18.69±4.115分;组织结构维度得分10-22分,均值15.97±1.732分;行文规范维度得分范围10-15分,均值12.83±1.311。三个维度中,内容和结构维度得分率最低,分别为约62.3%和63.9%,语言维度得分率约67.6%,行文规范得分率最高,约为85.6%。

表4-1　第一轮行动作文得分描述统计

	个案数	范围	最小值	最大值	平均值		标准差
	统计	统计	统计	统计	统计	标准误差	统计
WC1	29	51	32	83	58.97	2.425	13.062
L1	29	12	14	26	20.28	.576	3.104
C1	29	16	12	28	18.69	.764	4.115
O1	29	12	10	22	15.97	.507	2.732
M1	29	5	10	15	12.83	.243	1.311
T1	29	40	47	87	67.90	1.749	9.416
有效个案数(成列)	29						

以上结果显示:(1)学生学习态度有明显改善。第一轮行动中所有学生均能写出规定主题的作文,没有发生交白卷或抄袭等现象;(2)学生在行文规范方面得分较高。表明学生在经过多轮修改之后,能够较好地掌握写作惯例;(3)虽有个别同学总分不及格,但班级总分均值略微超过及格线,班级总体完成情况尚可。综上,此轮行动基本达到了教学目的,所有学生都参与到写作学习之中,且多数同学达到及格标准。

此外,笔者还对第一单元的终稿作文进行了分析。在语言形式方面,笔者分析了目标语的运用情况,发现每位同学都能从输入材料中提取一些新的词句或结构用于自己的作文,而这些语言表达方式是驱动环节尝试产出时未曾提及的。学生应用较多的语言结构有:(1)表达心理状态的:bored, confused, stressed, dare not do, lonely;(2)描述事件的:won't let (sb do sth.), to concentrate on, too…to…, to stay up late, get on well/badly with, quit doing sth.;(3)标记文章组织结构的:However、What's more等。多数学生能够利用这些目标语顺利表达自己的想法和观点,语言形式基本正确。

在内容表达方面,在学生终稿作文中多数内容为学生驱动环节尝试产出的方面,如学业上涉及作业、考试、课程太多或太难,生活上包括想家、晚睡、早起和饮食不满意等。终稿作文中约一半学生在尝试产出,如来自家人、同学、学校和自身的其他挑战。来自家人的挑战有:家长对自己期望过高、关心过度,离开父母感觉孤独等;来自教师和学校的挑战有:学校对手机、零食、住宿的管理,教师在课堂管理上的要求等;来自同学的挑战有:同学间发生矛盾和冲突,没有好朋友等;来自自身的挑战有:课内与课外活动的平衡问题,各学科时间分配问题等。

这些挑战都是学生在学习中得到启发后，对自身真实情况的描述，恰当、丰富，不存在对输入材料的不当套用或抄袭。

组织结构方面，学生能够利用 because、so、and 等词去挑战内部因果关联的句子表达清楚，如“I'm annoyed because the teachers won't let me use my cellphone at school”。多数同学有分段意识，一些同学还利用了 first、then、what's more、however、also 等简单的连接性词语对观点进行列举。

行文规范方面完成较好，除流水句里出现了很多逗号和句号的误用外，大小写、文章格式等方面都比较准确。

综上，笔者认为此轮教学中，学生表现基本达到预设目标。学生英语写作学习的参与度和学习兴趣较高，完成度较好。英语表达能力有很大进步，基本能够使用英语表达与个人生活密切相关的话题，还能够结合思维导图等工具拓展思路、梳理关系，发散性思维和逻辑思维能力均有所提升。但同时，学生在几个方面存在能力的欠缺，如需要进一步养成合作学习的意识，改善同伴互评效果，提升语言形式的多样性、复杂度，拓展写作内容的广度和深度，加强对篇章逻辑结构分析，丰富衔接手段，提高利用笔记、思维导图等收集和整理英语学习资源的能力等。

（二）反思和改进

1. 评价的挑战和不足

第一轮行动的评价环节采取多元主体的、过程性与结果性相结合的评价方式，其中对一稿的评价是对过程性产出的前馈(feedforward)，旨在帮助学生提高当次写作表现，评价主体包含教师、同伴和计算机。对二稿的评价为对最终产出的结果性评价，由教师对作文进行总体打分，直接反映学生学习最终效果。其中，一稿评价是本轮行动评价环节的重点，也是出现问题比较集中的地方，经过实践，来源不同评价主体的评价存在一些不足：

首先，教师批改时效性要求高，为教师带来了较重的负担。笔者曾记录道：

本以为有了多主体参与批改，我会轻松一点，但真正批改起来才发现，并没有轻松分毫，还是要把作文带回家中，加班加点地批改。批阅一稿时，除指出作文不当之处、提出修改意见外，还要在内容、结构等方面写下评语并分项打分。此后还要挑选典型例文，制作课上师生共同评价的课件和学生互评的纸质材料、再设计相应习题。完成以上所有工作对我来说是很大的工作量，一个人的力量实在是不够。

可见，在高中每天都有英语课的现实情况下，为避免批改周期过长，保证教学的连续性，教师评改仍然对教师投入提出很高的要求。

第二，同伴互评完成度低。在一轮行动的两次作文教学中，很多学生缺乏互评的意愿、信心和能力，处于不在乎、不知所措或不明所以的状态。笔者仔细查看了Unit 1的互评材料，发现29份作文中，有18份仅有量化打分或几乎没有互评痕迹。只有11份收到了来自同伴的比较详细的反馈，既包括对语言的纠错修改，又包括分项打分和评语，其中还有笔迹相似的批改痕迹，这印证了教师观察到的有同学把自己的互评任务交由他人代劳的现象。笔者在教学日志中记录：

本以为我带领学生在课堂时间互评就没有问题，结果很多学生都没有真正参与其中，他们说根本看不出或者不确定改什么。互评给我一种"狗尾续貂"的感觉，别说"以评促学"了，现在简直是"因评不学"了，我在课上和课后随机询问了未参与互评的学生原因，学生给出了三个方面的理由：(1)不知道怎么评，不能明确掌握评价标准的具体含义和评分尺度；(2)认为本身语言能力不足，看不出问题；(3)觉得自己改得可能不对，不好意思写。另外，也有学生表示，不希望自己的作文被其他同学改，因为同学可能改得不对，不如老师改得准确。

互评环节的不顺利，除了缺乏互评经验和受限于语言能力之外，也与学生不理解互评重要性有关，如果能够让学生在评价中巩固旧知、学到新知、深化理解，真正体会到评价的作用，学生会扭转对互评"没什么用"的刻板认知。

第三，计算机评价烦琐、低效，这体现在两方面：(1)计算机自动评价占用了教师很多时间。因为教学环境限制，本研究的学生作文均以纸质手写形式提交。教师要利用手机进行手写识别后制成互批材料，再录入电脑实现自动批改，并将批改结果印发给学生参考。而第一次作文中，由于学生书写工整度欠佳，手写识别准确率较低，教师不得不要求学生重新书写后再次提交，但文稿仍存在大小写、空格、标点符号识别准确率不高的情况，教师仍需手动整理，耗费了较多精力；(2)批改网进行的计算机评价对学生写作的改进效果也比较有限。对于批改网指出但教师没有标出的错误，18名学生选择不改，还有一些学生对批改网提出的修改意见无差别地接受，仅有5名同学能够识别教师未标出但批改网正确提示的错误并改正。这反映了两个问题:(1)多数学生对于教师反馈依赖程度很高;(2)部分学生对自动批改系统的认识存在偏颇,欠缺自主思考和辨别的能力。

第四,多方反馈互相"割裂",参考价值有限。本轮反馈在学生作文的纸质文稿上直接进行批改和评分、写评语。其中教师批改包括对语言应用错误进行直接修改,对主题内容和组织结构相关的评改意见用汉语书写在对应位置,并在文后写上总体评语,包括主要的优点和不足。学生互评以手写识别后的文字打印稿为依托,学生对语言进行勾画或直接修改,并根据评价标准在四个子维度和总体维度上分别打分和书写评语。计算机自动批改根据批改网默认值设定,提供对词语、句型等语言准确度方面的直接修改,分项(词汇、句子、篇章结构、内容相关)和总体打分和评语。总体来说,教师反馈全面、兼顾整体和细节,学生互评仅能部分顾及总体评价和语言表述错误,自动批改系统对词句准确性的判断较好。但各主体的评价重点和评价结果存在较大差异,且分别在不同的阶段、依托不同教学材料进行,多主体间的评价一定程度上被"割裂",不利于学生综合理解反馈内容。

2.作品内容欠佳

此轮行动中,虽然学生都能够完成写作任务,但多数学生作文的篇幅较短、写作内容欠佳。笔者调取批改网数据发现,全班同学第一单元的作文词数最小值32词,最大值83词,均值不足60词。这与规定的80词的字数下限仍具有较大差距。输出总量偏少也一定程度上影响了文章表达的完整性以及内容的广度和深度。通过对作文的质性分析发现,学生最终产出在内容维度呈现出两种倾向:第一类文章的内容真实、有趣,但不充分、不深入。此类文章的内容主要为学生原创,内容比较生动,能反映学生的实际想法,思维比较流畅,分段较合理,但句子较短,语义片段较多,鲜有修饰和润色的痕迹,也没有对现象背后的深层次原因的挖掘。语言表述偏基础,有较多流水句,句式单调。第二类文章的内容相对复杂、完整,但缺乏个性,表达较生硬。具体表现为单句内包含的信息较多、句子较长,但句间的联系比较突兀,如若干长句的简单罗列,且多为输入文章中的相关内容和句式。内容缺乏个性和独创性,表达僵化、不流畅。

针对以上研究结果中体现的不足,笔者反思其中缘由并回顾相关文献,提出以下改进措施:

第一，改进评价内容和方式。

针对写作评价的不足，笔者认为应从以下方面进行优化：

（1）教师评价

教师应提供宏观性的反馈意见，使反馈更加清晰、重点更加突出。教师反馈相较于其他反馈形式表现出更高的权威性和可信度，也更利于学生写作信心的培养，但以教师为反馈主体可能造成学生过度依赖教师反馈，从而对认知发展构成阻碍。有研究者总结出时间消耗较少的教师反馈方式应该更有效，因为教师既可以节省详细批改的时间，又可以通过间接回复的方式促进学生学习[①]，而如果为学生提供事无巨细的修改，学生就缺乏主动思考作文修改方式的动机，不会深入思考教师反馈的深层原因和改进策略，而是选择直接抄写改正后的意见。另外，也有研究认为，全面反馈所有的写作问题会对学生构成过大的心理压力[②]。因此，笔者认为教师反馈需要避免事无巨细地全面批改，而进行选择性的反馈，要突出教师不可替代的作用。

那么应重点对哪些内容进行反馈，反馈的方式如何呢？鲁格（Ruegg）认为，反馈的第一要务是找出那些影响思想表达的问题，建议教师在批改时要优先阅读学生文章，读完后再提供反馈意见，而不是边读边批，这样教师可以更关注重要的内容而忽略次要内容，使重点更突出[③]。有学者回顾多项研究发现，相较于关注语言准确性的局部评价，对英语作文进行全局评价更能提高学生文章的高阶维度，对写作的反拨效果更为明显[④]。李（Lee）发现学生修改作文的主要困难在于定位错误，而并不是改正错误，因此教师应该将定位错误放在首位，而不是识别错误类型[⑤]。

可见，教师反馈方式倾向于采取间接的提示性反馈的方式，仅对影响文章意义表达的、重点或多次出现的语言错误进行标记，而不是做直接的修正，也不做过于笼统、模糊的反馈。需要在提示错误的位置基础上，给学生留有思考和发展

---

① [新西兰]Ruegg R. Teaching and Learning Writing in ESL/EFL[M]. 北京：外语教学与研究出版社，2021:111-112.

② [新西兰]Ruegg R. Teaching and Learning Writing in ESL/EFL[M]. 北京：外语教学与研究出版社，2021:114.

③ [新西兰]Ruegg R. Teaching and Learning Writing in ESL/EFL[M]. 北京：外语教学与研究出版社，2021:105.

④ Cheng X L, Zhang L J, Yan Q Z. Exploring teacher written feedback in EFL writing classrooms: Beliefs and practices in interaction[O/J]. Language Teaching Research,2021:1-31.DOI:10.1177/13621688211057665.

⑤ Lee I. ESL learners'performance in error correction in writing: Some implications for teaching[J].System, 1997,25(4),465-477.

语言能力的空间,以鼓励学习者重新思考错误的原因及修改的方法,学生发展认知并进行语言产出,实现语言能力发展的关键步骤。另外,教师评价还应体现个性化,要考虑学生个体的差异,结合不同学生的学习需求进行反馈,以提高学生修改作文的动机。

(2)自动评价

自动评价需更换平台,改变评价结果呈现方式,并提高评阅效率。笔者结合此轮作文自动批改结果,认为以批改网为例的作文自动批改技术在批改写作的词汇和语法错误方面有较大优势,而在更宏观的层面,如批改组织结构和内容方面仍存在较大困难。因此,计算机自动评价应扬长避短,侧重其在语言应用方面的反馈,且需结合实例帮助学生意识到计算机自动反馈不是总能保持精确,学生需要对每一个建议的准确性进行评估,理性分析是否接受修改建议。

自动评价与教师评价的建议相似,评价结果应简洁,仅显示间接反馈结果,而不用提供过多的修改建议。间接反馈比直接反馈更能促进学生对作文的修改,对学生语言准确性的促进效果更为长期,且利于学生学习动机的激发和自主学习能力的培养。过于详细的修改建议和提示会使学生懒于主动思考,而习惯于被动接受。因此,笔者在考察了多个作文批改平台后,决定放弃批改网,改用网易有道词典APP的"作文批改"功能。

此外,此次自动批改遇到的问题之一是学生书写不规范导致手写识别准确率较低。针对该问题进行了三项调整:(1)制作统一的作文纸,学生需在指定书写区域写作;(2)以投屏方式向学生展示手写识别软件的识别过程,以及对不同手写体的识别准确程度,并与学生约定,如因书写原因导致自动识别不准确,学生自行承担相应后果,以提高学生对书写工整度的重视;(3)发放英文书写范例,供学生练习书写之用。

(3)学生互评

学生互评强调全面反馈与合作开展。关于英语作文学生互评有效性的研究结论不一致。总体来看,相较于教师评价,学生互评没有明显劣势,有时反而更有效,为同学提供反馈意见甚至比接受反馈更有益处。除了能够提高学生语言运用能力外,互评还有利于学生写作学习兴趣、批判性思维和外语学习策略的培养。因此,本书认为互评环节对于培养学生英语核心素养起到重要作用。在具体操作中,应采取以下策略对互评环节进行改良。

互评内容不能仅仅关注对语言运用的批改，也要更突出宏观方面的反馈。虽然互评的焦点多是语言使用和词汇等微观内容，但学生对互评结果的信任度和意见采纳率都不高，这可能与教学的应试倾向有关。但也有研究发现接收到内容和观点反馈的学生相比只收到语言反馈的学生，写作水平有显著的提高[①]。因此，对内容、观点、结构等宏观方面的评价应作为学生互评的重点，这要求教师对相关维度的要求进行细化和明确，可借助量表或描述性语言加深学生对评价框架的理解，适当减少对语言表达准确性的关注度，尤其是对语言错误的过分关注。

在教学初期，学生互评往往具有较高的难度，教师需为其提供合适的支架，适时地提供鼓励和支持。"教学支架"指教师有目的地建立某种情境，使学生更容易成功进入学习的过程，随着学生能力的提升需逐渐回收和控制其作用。在学生互评时，提供情感和认知方面的支架有助于学生顺利开展互评。互评可以机评结果为支架，利用计算机自动评价的结果为语言准确性判断提供支架，对自动批改标记出的语言使用不当处作出判断，这相比由学生自主地识别和修改语言，在难度上大大降低，从而增加学生互评的参与度和自信心。

在学生合作互评中，能力较强的学生可以为能力薄弱的学生提供帮助，避免个别学生因为自身能力差距过大而导致无法下手的情况，也使得每一篇作文收获多个读者的反馈。这样既能降低学生互评的心理负担，又可以引发集体对于某些问题的深入探讨，观点的讨论利于学生发展自我学习能力。在实际操作过程中，教师要加强监管，避免一些学生把自己的互评任务全部交由他人代劳。此外，由于学生刚入学，对高中写作评价标准仍不十分清晰，教师还需加强对作文评价的指导。有研究建议教师开展微型课程，帮助学生针对性地发现和解决写作中的某一个特定类型的问题[②]。此建议虽是针对学生自我评价，但同样适用于同伴互评。所以在教学初期教师还应该增加课上的师生合作共评的时间，加强评价标准的讲解，结合具体实例进行示范，鼓励学生交流探讨，在确认学生已经掌握了基本方法后再逐步减少课堂共评和学生互评的时间，由学生在课外时间完成。

---

① Biber D, Nekrasova T, Horn B. The effectiveness of feedback for L1-English and L2-wrting development: a meta-analysis [EBR/OL]. (2011-2) [2021-11-12]. https://onlinelibrary. wiley. com/doi/epdf/10.1002/j.2333-8504.2011.tb02241.x.

② [新西兰]Ruegg R. Teaching and Learning Writing in ESL/EFL[M]. 北京:外语教学与研究出版社,2021:101.

（4）协同评价

不同主体的评价应具有统一性、连贯性，能够将多主体多次反馈有机融合，优势互补。计算机评价仅关注语言使用的准确性，批改形式为标记错误位置。教师评价应尽量避免大范围语言纠错或重写，对语言表述错误类的问题也只需标出错误位置即可，反馈主要形式应在文后就文章整体提出优缺点及改进建议的评语。同学互评既要帮助同伴提供宏观方面的意见，也要以自动批改结果作为参考，帮助同伴对词句准确性进行判断。

为了将不同主体的反馈加以整合，以更清晰、简明的形式呈现，教师将对作文一稿的纸质反馈设计为：首先将学生作文进行手写识别和自动批改，在语言错误位置画线，然后将自动批改结果页面截图打印并分发给同学进行互评。学生应在阅读完同伴作文后，对自动批改提示的错误进行判断，如需修改则在画线处写上修改后的词句，如认为无须修改，则在画线处画上对号。此外，学生还要在作文评价的四个子维度分别打分并写下评语，计算总分并提出总体意见。将互评结果回收后，教师再进行评价，仍然在互评材料上书写反馈，补充其他评价主体没有发现的重要问题，并提供宏观的意见。

第二，优化促成材料与活动设计。

为分析学生作品内容欠佳问题的原因，教师回顾了学生在第一轮行动中所用学案。比较学生在驱动环节的尝试输出和最终产出，发现问题来源有两点，分别对应两类学生：第一类学生在驱动环节已经尝试产出了完整（或接近完整）的语句，输入材料能够帮助其补充少量观点，启发语句间的连接方法，但总体上最终文章仍然与驱动尝试的内容高度相似，内容真实但缺乏深度，语言表述较低级、错误较多。第二类学生则相反，在驱动环节的完成度较低，仅写了极少的观点，有的只写了几个关键词。此类学生最后的产出中没有呈现出驱动时尝试产出的内容，而是采取“回避策略”，几乎放弃自己原本的观点，转而直接从促成材料中提取观点，或对语言结构进行仿写和重构。对比促成材料可发现，此类文章多是在促成环节的输入材料基础上的改编，缺乏真情实感的表达，存在较明显的内容和语言结构的“生搬硬套”，有句间深层逻辑的不清晰、分段不合理的情况。这两种倾向一定程度上源于决策心理学的“沉没成本”效应（Sunk cost effects）。该理论认为人们对自己已经付出成本的商品或劳动成果，会增加使用频率，即使发现决策失误也倾向于弥补而非放弃，存在一种“避免浪费先前成本”的心态。

第一类学生因为不舍得前期尝试产出时付出的时间和努力，在后期决定写哪些内容时会更愿意坚持原有的思路，在没有教学材料辅助的情况下只能选择用“中介语”进行表达。“中介语”是依赖母语又区别于母语和目标语的语言系统，是第二语言习得的中间阶段。中英语言系统的差异使“中介语”多数呈现“中式英语”特征，从而影响了学生作文语言的复杂性和准确性。第二类学生由于前期付出较少，则愿意推翻前期成果，直接采纳了外部资源。但是需要强调的是，在高中英语写作中，坚持原有观点并非不好，采纳外部资源也无大碍，两类做法并无优劣之分。事实上，高中英语写作教学的目标之一就是让学生能够较为准确地表达自己的观点和与自身经历密切相关的话题。学生的最初想法很多情况下更能反映学生真实的、具体的感受，避免受到输入材料的影响而导致作品千篇一律和言之无物。而对外部资源的正确甄别、取其精华为己所用更是学生提升语言运用能力、发展批判和创新思维等高阶思维品质、培养学习策略的关键。因此，在高中英语写作教学中，既要鼓励学生充分表达真情实感，又要帮助其对学习资源善加利用，二者缺一不可。

针对第一类学生对于输入材料的借鉴极少的现象，需要通过加强对输入材料语言难度的控制、设计针对性促成活动来进一步优化促成环节的效果。首先，采取相似主题的多语篇促成，并进一步调整输入材料的语言难度，满足输入材料的“可理解性”要求。“可理解性”的输入这一概念来自克拉申（Krashen）提出的“输入假设”理论，该理论认为，提供稍高于学习者当前语言水平的语言材料（即i+1，其中i代表学习者当前水平）对学习者学习语言有重要意义。而且，多语篇促成有利于实现“窄式阅读”，使得学生可以在短时间内就某一主题范围内获得大量语言输入，反复接触到相似的文化、背景语境和词汇、语篇类型等，提高英语学习效率。鉴于此，笔者从目标语言和观点的使用方面分析了学生作文，发现学生借鉴三个低难度的教材语篇（教材第4页、第19页和视频材料）和教师自编语篇中的程度要远高于两个高难度语篇（教材第5页和第14页）。对比高中英语必修阶段教材的精读文章的阅读难易度（分值浮动为60到85之间，分值越大文本越简单，可读性等级为约6.0至6.9之间，等级数字越高文本越难）发现，尽管本轮教学的输入材料中第5页和第14页的语篇的阅读难易度数值（72.5、73.8）和难度等级（7.1、6.5）属中间等级，但对新入学的高一学生来说难度偏大。这说明该难度指数和等级已经超出学生的“可理解”范围，提示教师进一步降低语言难度，尤其是在语篇较长或语篇不完整的情况下。

其次，注意设计与输入材料相协调的促成活动。例如对目标词汇、句型的学习可采用全部或部分精读处理，辅以造句、仿写等开放性题目，使学生超越对目标语的简单理解和识记，做到在作文中的灵活运用，使学有所用；对于仅用于启发思考、拓宽思路的材料，或仅用于结构提取的材料，只要学生能够在教师指导下针对性提取观点，可适当放宽对文本可读性的限制。对应的练习可以采用选择题、连线题、排序等客观题形式，有利于降低回答难度，提高针对性促成的效率；对于多媒体类的输入材料，要注意规避本轮行动中出现的“阅完即忘”难题。根据信息加工理论，促进学习者的选择性注意能够使其集中于某项学习任务的学习而忽略无关因素的影响，提高学习效率，精加工式的复述和编码可以更好地将输入的新信息与学习者已有知识进行联结，从而促进长时记忆。教学中应注意为学习者提供结构化的学习任务、增加外显的指导语，并鼓励学生加强对信息加工的自我控制，运用组块、精致性编码等策略促进知识的理解与掌握。因此，在设计产出导向法的多模态促成材料时，应提前明确观看的目的和大体步骤，让学生带着目的去观看，在观看中应适时地暂停，开展记录、重复(repeat)、改述(paraphrase)、添加细节或做出推论等活动，促进短时记忆向长期记忆的转入。并且应为视频配上必要的字幕，去除冗余信息，突出显示关键信息，引导学生注意力，提升学生对信息的关注、理解和记忆。

第三，提高驱动充分度。

对于上述第二类学生，即未充分尝试驱动的学生，应在驱动阶段鼓励学生投入到尝试产出中，运用多种策略促进学生充分发散思维、生成观点并尽量完整地记录写作思路。为此，要给予学生充分的独立思考的时间，即“不愤不启，不悱不发”。教师应在学生充分思考的基础上再对他们进行启发和开导，而不是直接进入集体讨论和促成，避免阻碍学生思考、限制学生思路。教师可鼓励学生运用多种写作策略，如自由写作策略(freewriting)、头脑风暴(brainstorming)或提问法(questioning)来生成更多写作灵感，促进深入思考，此阶段无须过分执着于拼写、标点、语法的准确性，也可暂时忽略材料的组织方式和措辞，甚至可以掺杂母语，要求学生不能只写关键词，要适当加入细节，充分挖掘已有的观点和知识。在学生充分独立尝试后，再进行集体讨论，并在教师指导下明确产出困难和后续促成的重点。在进行整个促成环节的多个子促成活动时，教师应制作包含驱动、促成环节整体设计的“导学案”,及时引导和要求学生在每一个促成活动后“回顾”驱动环节发现的能力缺口,将促成的阶段性成果一步一个脚印地分别对驱动时产生的缺口补足,使学生通过不断迈上“小台阶”,最终实现“大目标”。

第四,增加任务复杂度。

对于写作内容欠佳、篇幅偏短的问题,笔者认为这与产出任务本身的复杂度偏低有关。根据罗宾逊(Robinson)的“认知假设模型”,任务复杂度由完成任务过程中所调用的信息加工资源需求决定,伴随任务复杂度的提升,学习者完成语言输出的兴趣和动机有所提高,互动与查验回顾有所增加,因此语言产出的质量也得以提高[①]。国外的研究证实了这一点,多名学者通过实证研究证明具有较高复杂度的写作任务能够促进外语写作质量的提升,尤其是语言准确性、流利度、词汇广度等[②]。而根据Robinson“任务分类框架理论”,任务复杂度与资源导向和资源分散两类中的多个变量相关[③],其中关系最密切的变量包括先验知识、因果推理、任务结构等[④]。

在后续研究中,在保证写作任务具有交际真实性原则的基础上,笔者在设计产出任务时,通过调节完成产出任务调动的先验知识、认知层次和任务结构等因素,控制写作任务使其具有较高的复杂程度。这符合产出导向法的认知挑战性原则,可以促使学生更深入地思考,调动自身认知和语言资源,主动扩展能力边界,提高语言输出质量。同时,为确保复杂任务能够准确清晰地呈现,可以利用多媒体形式发布产出任务,直观呈现写作的话题、目的、身份和场合四个要素[⑤],模拟写作场景,提高学生的临场感,引起学生的注意,刺激和保持学生的好奇心和写作动机。

① Robinson P. Task complexity, task difficulty, and task production: exploring interactions in a componential framework[J].Applied Linguistics,2001,22(1):27-57.

② 闫嵘,张磊.任务复杂度、任务难度和自我效能感对外语写作的影响[J].外语界,2015(01):40-47+72.

③ RobinsonP.SecondLanguageTaskComplexity.ResearchingtheCognitionHypothesisoflanguagelearningand performance.[M/OL].Amsterdam:JohnBenjaminsPublishingCompany,2011:6.https://www.academia.edu/2628106/_2011_Second_language_task_complexity_the_Cognition_Hypothesis_language_learning_and_performance.

④ 郭嘉,张丹,崔思涵,等.中国学生英语写作产出中任务复杂度与任务难度双向量实证研究[J].外语研究,2021,38(03):66-72.

⑤ 文秋芳.产出导向法:中国外语教育理论创新探索[M].北京:外语教学与研究出版社.2021:100-103.

第三节　本章小结

本章详细阐述了混合学习环境下基于产出导向法的高中英语写作教学的第一轮行动,围绕指定教材的两个单元的主题分别进行了写作教学的设计与实施。驱动环节通过直接驱动方式,以尝试产出完整篇章或关键词思维导图的形式。促成环节借助课内外的文本和视频输入材料,结合单选、填空、仿写等习题形式,通过个人、小组或全班活动的形式开展。评价环节综合教师评价、计算机评价、师生共评和同学互评的方式,对学生作文进行过程性和结果性相结合的评价。

第一轮教学在很多方面取得了较好的效果。从教学者教学体验角度出发,教师在设计教学时始终有清晰的目标,为教学目标、内容和流程的设计提供指导;在教学实施中能够快速地、有依据地对未预设的情况进行取舍;部分信息技术在促进教学互动、提升教学评价等环节体现了实效性。从学生的学习效果来看,学生学习过程中的参与度和完成度较高,产出作品总体完成情况较好,尤其在语言维度和行文规范等方面表现良好。第一轮教学还存在两点不足:第一,评价环节进展不畅,效果欠佳;第二,学生作文内容不足,字数偏少。针对这两方面问题,笔者对教学做出反思,并回顾已有研究成果,提出对各环节设计的改进措施。

第五章　高中英语写作的产出导向法教学整体优化

经过首轮教学设计与实施，笔者发现混合学习环境下基于产出导向法的高中英语写作教学存在若干不足。第二轮行动研究预期实现两个目标：一是顺利实施评价环节的完整教学流程，提高评价效率；二是提升学生作文表现，尤其是增加其作文内容的广度和深度。新一轮教学行动授课教师和学生保持不变，授课内容以人民教育出版社《英语》必修一 Unit 2、Unit 3、Unit 4 共三个单元的主题为依据。

第一节　优化的教学设计

为完成第二轮行动的目标，本书分别对教学目标、教学内容、教学活动和教学评价进行了优化设计。

一、教学目标的优化设计

产出任务设计是产出导向法写作教学设计的核心，是教学目标的具象体现。根据第一轮行动后对教学不足的反思，本轮行动设计了更为多元、综合的教学目标，并适当增加了产出任务的复杂程度，通过调节完成任务所需调动的先验知识、因果推理、任务结构等因素，促进学生深入地思考，提升其写作内容的丰富程度。同时，本轮行动利用多模态形式的驱动材料直观呈现复杂产出任务情境的各要素（如话题、目的、身份、场合等），确保学生对复杂任务的理解，提升写作动力。

（一）复杂产出任务的设计与多元教学目标的确定

在第二轮行动中，笔者结合教材各单元的话题和主要内容，通过调整写作任务的体裁、内容、语法结构、交际情景等因素，设计了难度和复杂度相对较高的产出任务和更加全面且综合的写作教学目标，见表5-1。

表5-1 第二轮行动各单元产出任务和教学目标

主题	原作文任务	修改后的产出任务	教学目标
Unit 2 Travel	给朋友回复邮件，说明你的假期旅行计划	你的美国朋友Richard将在寒假来你所在的城市旅行，邀请你做向导，请给他回复邮件，说明你的旅行计划。	(1)语言能力：学生能够识别和运用主题词汇和句型描述主要旅游景点和旅行活动；能够运用现在进行时等语法结构表示将来，增加语言多样性和流畅性；符合电子邮件的主要结构，合理分段；(2)思维品质：学生能了解思维导图的应用，并借助思维导图对相关的信息进行组织整理；(3)学习能力：学生能够有意识地借助现代教育技术，通过个人活动、小组讨论、同伴互助等方式获取信息，丰富作文的内容和形式；(4)文化意识：学生具有跨文化交际意识，知晓文化交流的渠道和方式，具有对本土文化的自豪感和认同感。
Unit 3 Sports and fitness	撰写健康手册，描述运动健康方面的变化	给朋友写电子邮件，描述你在运动健康方面的困扰，表达你计划做出改变的决心并寻求对方的指导和监督。	(1)语言能力：能够用英语讨论体育健康问题并描述解决方案，能够运用一般过去时和一般将来时表达过去和将来行为或计划；(2)思维品质：能够将文本材料信息分解并按时间先后和因果关系等结构整合重组；(3)文化意识：培养关注健康意识，形成正确的健康观。
Unit 4 Natural disasters	缩写主课文A night the earth didn't sleep	你的城市发出台风预警，你作为某寄宿制国际学校的广播站负责人，计划进行以"What to do if a typhoon happens?"的播报，为全校学生做校园防灾教育。	(1)语言能力：用英语描述应对台风的做法，用祈使句、陈述句等表述要求或建议；理解和运用演讲稿的文体；(2)思维品质：分析适合校园情境的内容；按合适的结构(如灾害前、中、后)组织文章；(3)文化意识：具有预防台风灾害意识和知识。

以第二单元为例，该单元主题是"旅行"，原写作任务是"给朋友回复邮件，说明你的假期旅行计划"。该任务存在一些不足：(1)题目比较抽象、笼统，未明确指出旅行原因、季节和目的地等，可能导致学生无从下手，作文内容空洞；(2)学生可能会选择不同的旅行目的地，而不同地区具有各异的景观和文化等特色，难以依托统一的输入材料进行针对性提升，影响促成效率；(3)如果学生选择不同目的地，写作内容会存在较多差异，这会为作文的分享造成障碍，也会导致同伴

和教师的批改重点分散。为规避以上问题，教师将教材第二单元原有的写作任务改为“你的美国朋友Richard将在寒假来你所在的城市旅行，邀请你做他的向导。请给他回复邮件，说明你的旅行计划”。改编后的任务更加具有现实指向性，学生可调动经验而无须费时搜寻事实类信息（如有哪些景点和活动等），腾出时间和精力充分地思考和讨论更复杂、更深入的问题，如：如何用英语描述熟知地点的突出特征（尤其是体现本地区文化特色的内容）、如何清晰表述行程安排、如何合理安排段落布局等。改编后的产出任务关注到学生跨文化交际意识、高阶思维能力等多方面能力。

第四单元的主题是“自然灾害”，教师将教材原有任务“为‘The night the earth didn’t sleep’一文撰写摘要”，调整为“你的城市发出台风预警，你作为某寄宿制国际学校的广播站负责人，计划进行‘What to do if a typhoon happens?’主题播报，为全校学生做校园防灾教育”。改编后题目更符合单元主题和培养目标，语法点为一般将来时和一般现在时并重，语言功能包括表述要求和建议，任务复杂程度较高。此外，该任务针对现实世界发生的真实问题，作者的角色更符合学生身份，因此更具有交际真实性和目标性特征。改编后题目要求作者利用有限的篇幅向全校学生播报防范台风危害、保护自身安全的做法，内容需精简实用，语言需准确简练，结构需清晰易懂，这有利于锻炼学生的逻辑表达思维、培养读者（听众）意识、增加安全意识和防灾知识、培养问题解决能力。

（二）产出任务情境的多模态呈现

为帮助学生全面、直观地理解产出任务，使学生更有代入感和临场感，从而进一步提高其写作兴趣和意愿，教师选择代表性的文字或多媒体驱动材料来呈现交际任务的情境。各单元驱动材料的形式、交际话题、交际目的、交际身份、交际场合等要素设计如表5-2。

表5-2　第二轮行动驱动材料设计要素

单元		Unit 2	Unit 3	Unit 4
形式		图文	视频	视频
交际话题	内容	旅行计划	应对健康问题	应对台风灾害
	多媒体要素	Richard发来电子邮件	操场上学生交谈	电视台台风预警
交际目的	内容	描述和展示	解释和求助	建议和指导
	多媒体要素	旅行目的地的地标建筑、自然风光、特色活动等	学生、问号	台风过境的校园、对人身、财产等构成威胁

续表

单元		Unit 2	Unit 3	Unit 4
形式		图文	视频	视频
交际身份	内容	Li Hua	Li Hua	广播站负责人
	多媒体要素	男性学生	女性学生	广播室、广播员
交际场合	内容	互联网	互联网	学校
	多媒体要素	电子邮件	电子邮件	广播、教室、学生

根据设计要素，教师制作了各单元的驱动材料。以第四单元的驱动视频为例（图5-1），第一部分交代话题背景，用电视台发布的台风预警的截图引出写作话题；第二部分利用台风过境的现场画面引出写作目的，即提出应对灾害的建议与指导；第三部分交代产出的具体要求，用广播室、教室、广播、学生等展示作者的交际身份，模拟产出任务的交际场合，即校园广播。笔者借助“来画”视频制作网站制作驱动视频（图5-2），为视频内容编配文字，并用微信小程序“AI智能配音”生成语音（图5-3），合成至动画文件中。动画视频的形式模拟了特殊的天气现象和生活场景，动画人物夸张的表情和动作，可以快速引起学生的兴趣，对危险状况的刻画能更好调动学生的视听感官，增强趣味性和学生创作的目的性和使命感。

图5-1　第四单元驱动视频截图

图 5-2　第四单元驱动视频制作页面(来画平台)

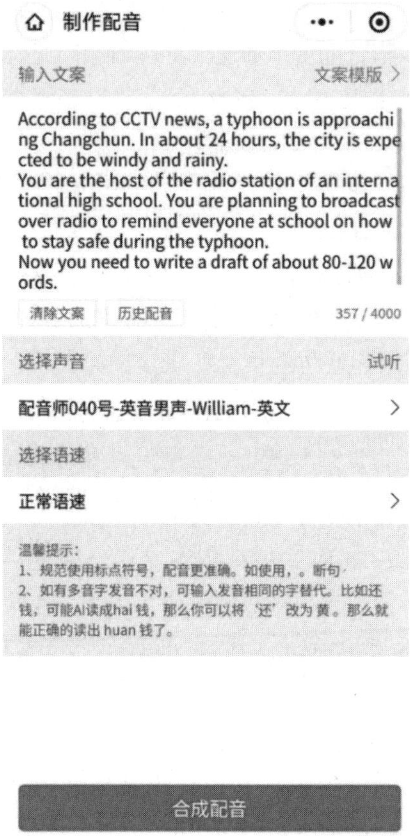

图 5-3　第四单元驱动视频的音频合成界面(AI 智能配音)

二、教学内容的优化设计

根据首轮行动对教学内容的反思，本轮从两个方面对教学内容进行优化。第一，设计相同主题下的多个语篇材料，适当降低输入材料的语言难度。利用文本可读性检测软件和在线语料库等调整语篇长度和阅读的可读性等指数，使阅读难易度数值不低于73.8，可读性等级不高于6.5；第二，丰富输入材料和促成活动的内容和形式。根据具体的促成目标，引入多种媒体的促成语言材料，如图文、音频、视频等，调动学生多重感官，并设计与输入材料相对应的促成活动。

在第二轮教学的促成环节中，促成材料的设计聚焦控制输入文本的难度、丰富文本的呈现方式。每个单元均包含一个课内语篇和一个课外语篇作为促成材料（表5-3）。

表5-3 第二轮行动促成材料表

单元	2	3	4
促成材料	教材精读语篇：Travel Peru	教材泛读语篇：Going Positive	教材听力音频：Prepare for a Disaster
	网络视频：Beijing北京（改编）	网络海报：Be Healthy for Good with Life's 4（改编）	网络视频：How to Survive a Typhoon（改编）

对文本难度的控制主要借用Microsoft Word的"文本可读性分析"功能实现。对课内材料检测发现，第二、第三单元的两篇阅读文本"Travel Peru"和"Going Positive"略高于第一轮教学总结的指标要求（阅读难易度73.8以上，可读性等级6.5以下），但超出幅度不大，笔者考虑到两个语篇与写作内容的适切性较高，决定仍然选定两篇文章作为促成材料，并通过设计相应促成活动适当降低了任务完成的难度。

对课外促成材料的改编需要符合相关著作权法律法规，不以营利为目的。笔者以一些可开放获取的教育资源（OER）为主，对促成材料进行改编，并仅限于课堂教学使用。改编分三个步骤（如图5-4）：第一，在互联网寻找主题、内容符合预期的多模态资源；第二，对多模态资源中的文本进行可读性检测（图5-5），参考同义词词典等网络词典不断地进行改编和调整，直至促成材料的语言可读性满足第一轮教学总结的指标要求。第三，利用图文、视频编辑软件对图片或音视频格式等输入材料进行调整和修改。

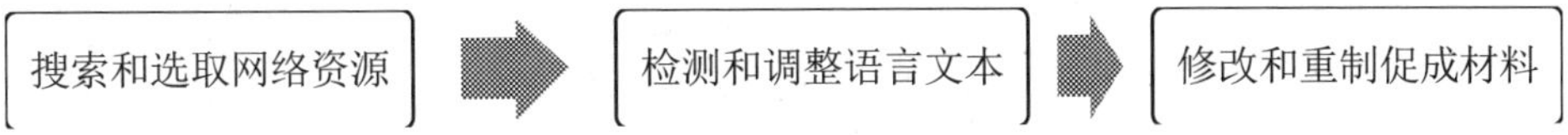

图5-4　课外促成材料的改编步骤

以第二单元为例，课外促成材料取自bilibili网站，由账号名为“HeyWorld你好世界”上传的以“Beijing北京·Hey, World! 你好世界！”为题的视频材料。原始视频主要由来自美国的正在学习中文的三名学生制作，介绍他们在北京的五天之旅，内容包括景山公园、天坛、紫禁城、长城、美食及休闲活动等自然和人文景观。视频时长约10分钟，配有英语字幕，语言地道、难度适中。根据本轮教学对促成材料语言难度的要求，笔者综合考虑促成目标、视频内容、时长、语言难度等因素，用Camtasia软件对原视频部分内容进行删减，生成时长约4分钟的促成短视频，总词数为310个，难易度指数和可读性等级分别为74.9和5.7。

第三单元的课外促成材料为图文形式，取自美国心脏协会（American Heart Association）制作的宣传海报，内容符合本单元促成需要。但原海报内容较多，涉及较多专业术语，语言难度较大。因此，教师对原文进行删减、改写直到满足语言难度要求后，重新绘制了海报（见图5-6）。

可读性统计信息

Counts	
Words	245
Characters	1,138
Paragraphs	8
Sentences	13
Averages	
Sentences per Paragraph	3.2
Words per Sentence	17.9
Characters per Word	4.5
Readability	
Flesch Reading Ease	60.4
Flesch-Kincaid Grade Level	9.2
Passive Sentences	15.3%

Unit 2 促成文章"Travel Peru"

可读性统计信息

Counts	
Words	310
Characters	1,406
Paragraphs	6
Sentences	26
Averages	
Sentences per Paragraph	4.3
Words per Sentence	11.9
Characters per Word	4.4
Readability	
Flesch Reading Ease	74.9
Flesch-Kincaid Grade Level	5.7
Passive Sentences	7.6%

Unit 2 促成视频"Beijing北京"

可读性统计信息

Counts	
Words	200
Characters	845
Paragraphs	2
Sentences	12
Averages	
Sentences per Paragraph	6.0
Words per Sentence	16.2
Characters per Word	4.0
Readability	
Flesch Reading Ease	70.5
Flesch-Kincaid Grade Level	7.4
Passive Sentences	0.0%

Unit 3 促成文章"Going Positive"

可读性统计信息

Counts	
Words	137
Characters	926
Paragraphs	8
Sentences	8
Averages	
Sentences per Paragraph	1.6
Words per Sentence	16.1
Characters per Word	4.1
Readability	
Flesch Reading Ease	78.3
Flesch-Kincaid Grade Level	6.3
Passive Sentences	0.0%

Unit 3 促成图文"Be Healthy for Good with Life's 4"

可读性统计信息

Counts	
Words	265
Characters	1,094
Paragraphs	14
Sentences	20
Averages	
Sentences per Paragraph	1.5
Words per Sentence	12.1
Characters per Word	3.8
Readability	
Flesch Reading Ease	88.6
Flesch-Kincaid Grade Level	3.9
Passive Sentences	0.0%

Unit 4 促成音频"Prepare for a disaster"

可读性统计信息

Counts	
Words	110
Characters	505
Paragraphs	9
Sentences	11
Averages	
Sentences per Paragraph	1.2
Words per Sentence	10.0
Characters per Word	4.3
Readability	
Flesch Reading Ease	75.1
Flesch-Kincaid Grade Level	5.2
Passive Sentences	9.0%

Unit 4 促成视频"How to survive a typhoon"

图 5-5　第二轮行动促成材料可读性信息

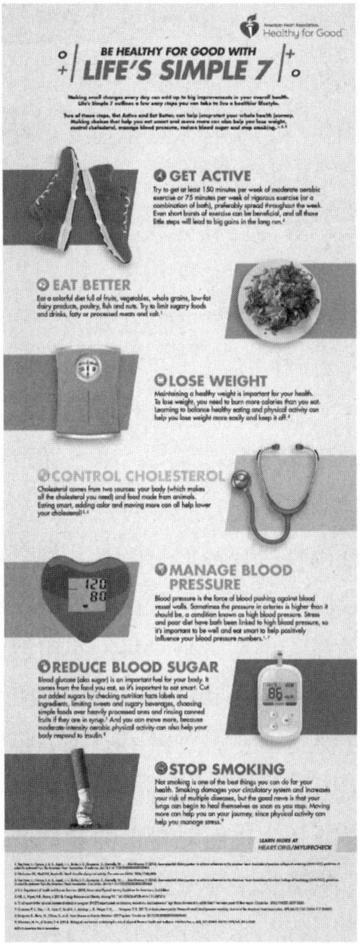

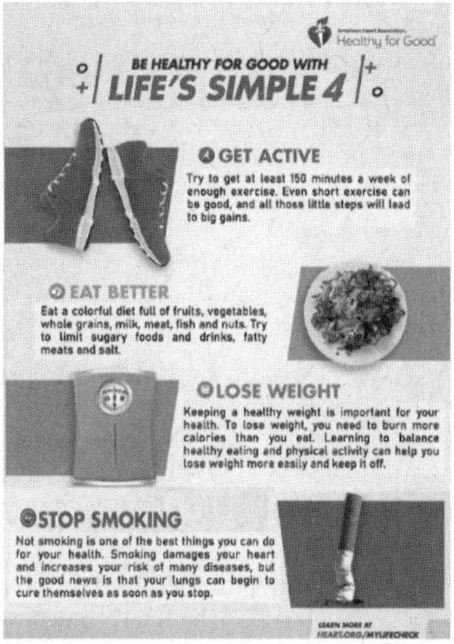

图5-6　第三单元课外促成材料(改编前和改编后)

三、教学活动的优化设计

根据第一轮行动的反思分析,笔者对本轮驱动、促成环节的教学活动做出优化。驱动活动通过运用多种写作策略,促进学生生成更多写作灵感,尽力挖掘自身潜能,使学生的产出内容尽可能充分、完整,并通过对产出内容的分享和改进,使产出的缺口逐渐显现、具象并细化,从而明确学生能力发展方向和具体促成目标;促成环节增加回顾性促成活动,不断生成小产出并用回初始的产出缺口中,提高促成效果;同时通过导学案的运用,对教学材料进行结构化呈现,并辅助学生记录阶段学习成果。

(一)充分、渐显的驱动活动

在驱动环节,学生首先借助多种思维发散策略进行充分的独立思考,绘制写作思维导图,然后进行结对或小组讨论,于班级内进行口头展示或纸质文本投屏分享,再由教师带领学生共同整理待解决的问题和困难,使写作能力缺口逐渐显现,后续学习需求逐渐明确,提高学生在驱动环节的参与度和完成度。具体分为自主思考、小组协作和总结反思三个主要步骤。

(1)自主思考:为充分挖掘自身能力、扩展思维的广度和深度,在发布产出任务后,学生利用约5分钟时间进行个人独立思考,教师鼓励学生尽可能将主要观点、重要词汇和句式等书写在导学案预留的指定区域,学生可自由选用关键词、表格、思维导图、要素分析(如5W1H等)等结构或形式记录。此外,学生还可尝试将产出过程中遇到的具体困难记录下来,以便教师后续开展针对性促成活动设计。学生在自主思考阶段不刻意追求语言的准确性、措辞和具体组织方法,对不能用英语完全表达的意思也可适当掺杂汉语或图示进行辅助。在学生独立思考期间,教师可在班级内巡视,寻找具有代表性的作答供后续分享;(2)小组协作和班级分享:学生独立尝试产出后,教师指导学生进行组内和班级分享。小组协作由组员之间直接进行,班级分享则由教师持拍照投屏工具(如手机、iPad)将学生尝试产出内容进行拍照,通过无线局域网利用投屏软件(如Miracast)实时投放至大屏幕。学生通过讨论集思广益并搭建学习共同体,进而对自己的尝试产出的内容进行修改。教师引导学生发现产出困难,并于驱动环节进行全过程的跟踪与反馈;(3)总结反思:教师根据学生的尝试产出情况,指导学生在对自我学习进展监控的同时,主动发现尝试产出时遇到的困难和问题,并帮助学生总结共性的产出缺口,提醒学生重点关注和思考补足缺口的方法,以便在后续学习中进行个性化、精准化教学干预。

(二)回顾性的促成活动

本轮增加“回顾性”的促成活动,引导学生持续回顾驱动环节的产出缺口,逐步将各促成活动的成果及时迁移应用至产出任务中。活动综合考虑输入语篇的内容和文体等方面特征、促成的具体维度、语言本身的难度,设计不同认知层次、不同活动方式和习题形式的促成子活动,并充分利用信息技术支持课堂互动和辅助的即时反馈。

以第四单元的第一个促成材料为例,材料选自教材配套的音频,主题为如何防范地震灾害。该促成材料具有以下特征:(1)内容方面,语篇包含若干应对地震灾害的建议及具体做法,其中部分内容与产出任务中应对台风灾害的措施相近,但表述较为笼统。设计关注内容理解的练习可以启发学生写作思路,同时避免学生直接摘抄和套用;(2)语言方面,语篇多运用祈使句型表达指令,符合产出任务要求。设计强调祈使句型应用的语言练习可以引起学生对该语言项目的关注,从而提高语言的精练性和准确性;(3)结构方面,语篇将应对措施按地震前、地震时和地震后三个阶段说明,其中地震时又分为室内和户外两个方面,结构清晰易懂,也适用于产出任务。因此,设计相关活动引导学生发现语篇的组织结构及表述方式,可以帮助学生规划写作内容,使作品结构合理、逻辑清晰。

笔者从促成具体维度出发设计促成子活动,设计了内容、结构、语言三个维度的6个促成子活动(图5-7),认知难度由简到难依次递进,为学生提供学习支架。(1)学生先判断所列做法是否合理,教师不公布答案,并要求学生带着问题去听音频材料。学生理解语篇内容后再次判断所列内容合理与否。此步骤难度偏低,可由学生独立进行,教师选择若干答案进行投屏展示;(2)学生完善思维导图,将由前一步骤启发而来的思路和想法补充至思维导图。学生先独立完成,并在组内讨论,师生就投屏共享的思维导图展开班级探讨;(3)学生梳理语篇的逻辑结构,选出符合文章结构的选项,教师根据学生作答情况决定采用简单的口头问答或者借助黑板辅助分析;(4)学生将之前绘制的思维导图的相关零散信息重新组织,使其具有清晰、合理的逻辑结构(如台风前、中、后的顺序),并进行班级分享,由师生共同探讨;(5)学生再次听音频材料,独立完成导学案中的填空练习,核对答案后,提取与主题相关的表达方式;(6)学生尝试进行仿写和扩写,将其运用到产出任务中。促成活动全程依托纸质的导学案,主要借助Plickers课堂互动软件进行选择题答案的实时收集,分析学生反馈,利用拍照投屏技术实现课堂生成的图文内容的实时分享。

促成目标	步骤	活动形式	教学媒体	认知难度
内容理解	听前、听后判断	独立完成 全班分享	投屏	易
内容迁移	完善思维导图	独立完成 小组讨论 全班分享	投屏	中
结构识别	梳理语篇逻辑结构	师生问答	黑板	易
结构应用	完善思维导图	独立完成 全班分享	投屏	中
语言提取	听录音填空	独立完成 全班分享	投屏	中
语言应用	仿写和扩写	独立完成 小组讨论	投屏	难

图5-7 第四单元促成活动一设计

值得一提的是，在设计促成活动时，如果材料难度略高于学生水平，则教师将语言的理解作为首个促成目标。以第三单元的“Going positive”的设计为例（图5-8），该段在内容上基本符合写作任务的要求，语言上表达方式比较丰富和地道，结构上与产出任务差距较大，难度较高。因此，促成活动需要遵循由易到难的顺序，首先从语言维度入手，设计词语形式、句式表达的填空、翻译题，确保学生能够基本识别和了解原文语义；然后进行内容的理解和掌握，利用单选题考查学生的理解情况；接下来梳理语篇的逻辑结构，并结合连线题对内容和结构进行更深入的思考，侧重锻炼学生分解、归纳、综合的较高阶认知能力，从而清晰行文思路、明确组织架构；最后，要求学生将每个维度的收获补充到思维导图中，通过分享互相进行评价和补充，逐步整合运用到自己的作品中。

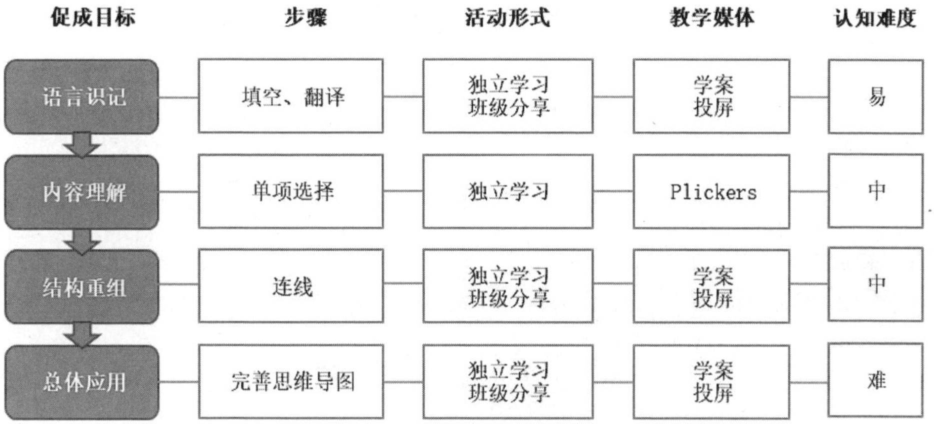

图5-8　第三单元促成活动一设计

(三)导学案的应用

为实现促成环节的整体规划,促进学生持续回顾和补足尝试产出的缺口,教师为学生设计并印制了图文结合的纸质导学案作为学习工具,在正式学习之前提供给学生,起到先行组织者的引导作用。根据先行组织者的设计原则,导学案应:(1)包含较少的文字信息;(2)适当联结学生已有知识;(3)不与即将学习的内容重叠;(4)通过思维导图、排版等方式把即将学习的内容结构化、逻辑化①。因此,本轮行动中的导学案以图文方式展示了教学主要流程,包括对产出任务的简要描述、学习任务的指导语、关键知识或结构的呈现、评价标准的要点等。同时包含促成环节的输入文本和相关习题,并为学生课堂生成和写作产出提供统一的书写空间,便于写作规范的养成和促成结果的分享。

导学案由四部分组成:第一部分是通过表格、思维导图、知识图谱等方式简要地呈现教学设计的总体结构,描述教学流程;第二部分则包含驱动环节的产出任务、任务要点分析和尝试产出物(思维导图一),帮助学生更好地梳理思路、明确缺口,使后续学习有的放矢;第三部分为促成环节输入语篇及相关习题(词语填空题、内容理解选择题、结构重组连线题),习题是学生比较熟悉的文本处理方式,保证了学生学习的方向和效率,利于师生双方加深对输入材料的理解程度。设计时考虑学生阅读、书写习惯和投屏分享等具体要求,科学划分区域,预留足够作答空间;第四部分为写作区,学生能够方便地参考驱动和促成环节的已有成

① 德里斯科尔.学习心理学:面向教学的取向[M].王小明,译.上海:华东师范大学出版社,2008:117.

果，进行文字的撰写，人为划定写字范围，制定合理的书写规范，从而提高了后续智能手写识别的效率。

四、教学评价的优化设计

第二轮评价环节的设计基于对首轮教学评价经验和不足的总结，预期解决第一轮教学中出现的教师批改负担重、同伴互评完成度差、机评繁琐、低效、多方反馈割裂等遗留问题。教师重点对评价的流程、方式、内容进行调整与优化。

(一)贯穿、协作的写作评价活动

笔者对评价环节的具体流程和操作策略进行了调整，图 5-9 展示了评价环节的整体流程，横向包括评价时机、评价主体、评价内容、评价形式四个核心要素，纵向流程包括课前、课中、课后三个关键时间节点，在每个节点都在先前评价的基础上进行多元主体的协作评价。课前，教师收集学生写作初稿后，进行自动手写识别和智能作文评阅，教师参考评价标准和机评结果，从行文规范、内容、语言和结构四个维度进行突出重点的间接反馈。课中，教师借助提前制作的 PPT 课件，由课上师生共评环节展示样文，由师生共同批阅，分析共性问题，提出修改意见。接下来，教师发放以机评为支架的互评材料，在机评结果的基础上一边讨论一边进行，根据评价标准给予全面反馈和量化打分，完成后将结果返回作者修改，形成二稿。课后，教师回收二稿，进行教师二次评价，给予最终打分和评语，并就重要方面做进一步的点评。教师还可根据具体情况安排补救性教学，利用自动阅卷平台进行专项练习，实现分数的自动统计与核算。对需要修改三稿的部分学生，可继续进行课后的面对面批改。

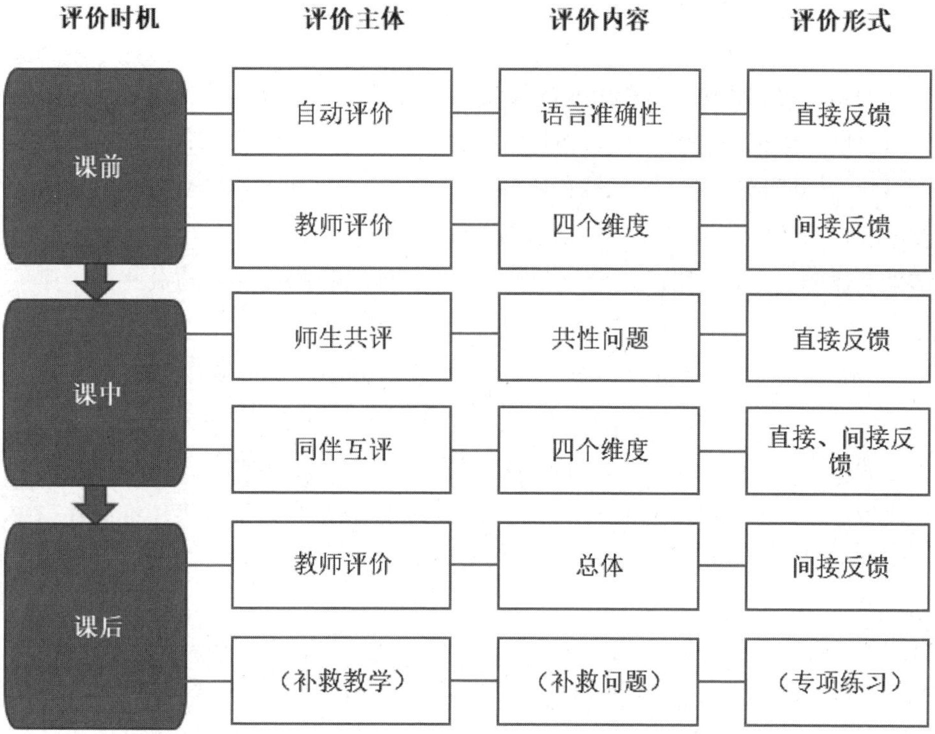

图5-9　第二轮行动评价环节流程设计

（二）互补性评价的特点和评价材料的制作

多元主体的多次反馈要科学融合、优势互补：(1)教师评价要体现宏观性、间接性、激励性和个性化。教师对学生作文的批改要从整体视角出发，要对严重妨碍文章理解的、与教学目标严重不符的进行勾画或评论等间接提示，注重对学生的努力给予肯定，对作文的优点予以表扬，对学生作文突出的个性化特点给予反馈，避免千篇一律的雷同评价；(2)计算机评价要具备侧重性和简洁性。机评要重点关注语言表达的准确性，突出自动批改技术在评价语言运用方面的优势，评价结果的呈现要简洁，为学生互评和自评保留自主思考的空间；(3)学生互评要体现合作性和全面性。学生互评以机评结果为基础，通过学生之间的交互、讨论等活动合作完成，发挥集体智慧，降低批改难度。学生根据作文评价标准从作文的宏观和微观方面给予全面且详细的反馈，提供直接的修改建议。

评价材料的呈现方式要体现不同主体评价的特点。教师评价在计算机评价基础上根据评价标准对作文的语言、内容、结构进行综合评价,对机评未识别的重要问题仅提示位置,避免"全批全改"的精细化评价。学生互评同样在机评结果上展示,尽可能地提供直接的修改建议,对不便直接修改的问题进行提示,并根据评价标准提供详细的评语和打分。材料的制作分两步完成:一、回收学生导学案后,教师打开手机的"网易有道词典"APP的"作文批改"功能,对学生手写作文进行拍照和自动识别,简单核对后进行自动批改。二、将所有学生的自动评价结果截图,打印为纸质的评价材料,后续教师批改和同伴互评均在此打印稿上完成。

本轮行动中,笔者弃用了"批改网",而选用"网易有道词典"APP进行计算机自动评价。一方面,该APP极大简化了计算机自动评价的流程,教师打开手机程序后,只需将学生作文进行拍照,便可将手写文字转换为电子形式并直接进入批改程序。另一方面,该APP对批改结果的显示仅包含以语言表述准确性为主的画线标记,不显示修正建议,也不强调内容、结构等其他维度,符合对计算机自动评价的侧重性和简洁性的要求。

第二节　优化的教学实施

第二轮行动的教学实施根据教学设计,按驱动、促成、评价三个环节逐步开展。

一、驱动实施的优化

本轮教学实施的三个单元均借助图文结合或视频动画的多媒体材料进行交际情境的创设和呈现。如在第二单元,教师呈现以电子邮件形式发布的写作任务后,学生积极反馈,很多地名和当地美食方面的关键词脱口而出,以及"Welcome to my hometown!""My hometown is the best! You must like it!"等句子,对话题表现出较高的兴趣。第三单元,学生在观看驱动任务短视频时非常投入,有的同学还模仿主人公耸肩、叹气等动作,并用主人公的语气重复视频中"I always feel tired.""It's time to make changes!"等话语。可见,多媒体形式的驱动使学生将自己代入并沉浸到交际的情境之中,并赋予了他们一种输出语言的使命感和责任感,学生表现出较强的参与意愿。

在独立思考作文内容生成和组织环节,本轮引入了关键词、表格、思维导图、要素分析等思维发散和组织策略,促进写作思路的组织与生成。此外,教师还注意引导学生重点关注作文的内容,暂时忽略语言形式的准确性、逻辑结构的严密性。以第二单元为例,学生独立绘制的"寒假旅行计划"思维导图中,有的学生用汉语书写不会用英语表述的部分,有的学生对不确定是否正确的做法做出标记,有的学生按照逻辑顺序(如空间、时间顺序等)或要素分析(如5W1H)组织思路、细化内容。

在学生独立尝试产出后,学生进行小组协作和全班分享,并在过程中对尝试产出内容进行持续改进。教师利用拍照投屏技术实时分享学生的尝试产出内容,组织学生进行点评、发表补充观点或不同意见,总结和反思他人和自己尝试产出内容的优点和不足,并对自己的思维导图进行补充、修订和完善。例如,在第四单元,有一名学生在独立头脑风暴后绘制了初步的思维导图(图5-10)。经投屏分享后,班级同学踊跃发言,共同讨论,逐步发现和总结出以下几个问题:(1)思维导图的视觉结构不清晰,分不清一级和二级标题;(2)同级标题不属于同一概念,尤其是parents不应该和dangers、safety并列;(3)部分条目归属不正确,如have food in classroom不应归属到moods标题下;(4)部分条目不符合本文的交际场合,如"Call your parents when you go home"不符合"寄宿制学校"的实际。除了发现不足,学生们还提出建设性意见,如有同学建议可以在"Danger"和"Safety"间建立对应关系;有同学建议将"Parents"和"Moods"两条合并,作为关于处理不良情绪的一条建议。该生听取大家的反馈后,修改了思维导图(图5-11),在呈现形式、逻辑关系、表达完整性等多个方面都有所提升。

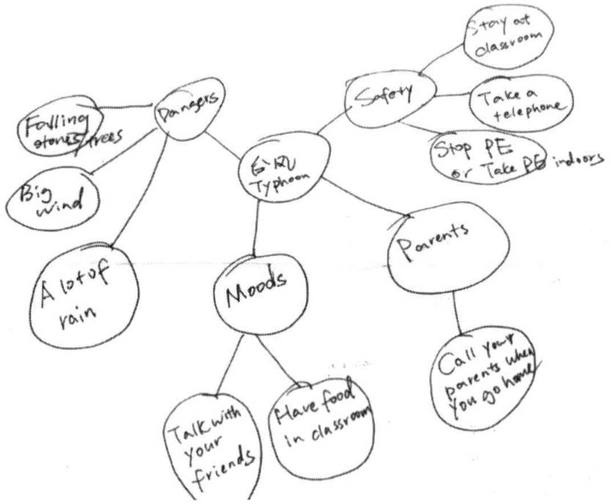

图5-10　第二轮行动驱动环节学生的思维导图(修改前)

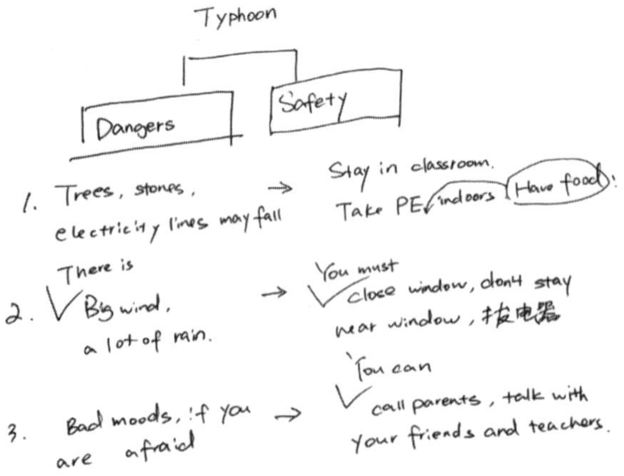

图5-11　第二轮行动驱动环节学生的思维导图(修改后)

二、促成实施的优化

第二轮的促成活动仍然采取认知难度递进的顺序,借助导学案以结构化方式呈现。以第三单元促成活动一为例:(1)填空题和单选题难度较低,由学生通过独立思考后完成;(2)连线题难度较高,是对文章内容打破后进行重组的过程,要求学生在理解的基础上进一步比较、分类、总结,因此采用独立个体和小组协作的方式进行,答案在班级内分享,并由班级整体讨论出正确答案。对于两篇难度稍大的促成语篇,则将语言促成置于内容促成之前,学生识记文章中的难词、难句,预先扫除理解障碍之后,再进行内容的理解和归纳。

为避免首轮教学中对于细节的过分精细化处理,笔者注意从驱动环节发现的问题切入,引导学生在输入材料中寻找有用的信息。例如,第二单元的"Travel Peru"一文,教师首先引导学生从驱动环节总结旅行计划四个方面,即Where、What、When、How。通过小组协作、班级互助,学生快速、准确地找到了相关的句型,如表示时间的语言:spend three days doing sth., have a day to do sth.;表示交通方式的语言:a short flight from... a four-day walking tour..., a boat will take you to等。反之,对于与产出任务关联不密切的内容尽量弱化。

此轮行动中学生对促成材料的理解较为顺利,未出现第一轮行动中严重拖沓的问题,学生基本可以在一至两次阅读或播放后,正确理解语篇主要内容并完成主题内容和组织结构相关的习题,促成效率明显提升。但是,在促成活动的实施过程中出现两点不足:(1)学生对教师提供的教学支架有较大依赖。例如在第三单元中,文本中"instead of""rather than"两个短语对清晰表达文章逻辑有很大帮助,但在教师未突出强调时,学生无一人提取到这两种表达方式。这说明学生的自主学习能力仍处于较低阶段,仍需要教师提供较强的支架;(2)部分学生在理解多模态输入材料时,缺乏边听(或边看)边记的能力,导致教师不得不多次重复播放某些片段。一方面源于学生较为薄弱的语言基础和听力技能,一方面也说明学生欠缺学习策略,不擅长运用缩写、简写等速记技巧,这需要教师在后续教学中加强对学生学习方法的指导。

三、评价实施的优化

评价环节的实施遵循设计的流程,分为课前、课上和课后评价。

课前，教师用“网易有道词典”对全班29份作文分别进行拍照识别、自动批改、截图保存、合成pdf文档和打印。在机评结果基础上，对学生一稿开展第一次教师评价，发现学生作文中的共性问题，如第二单元的动词不定式，第三单元中过去式的拼写错误等。然后，教师选取典型例文，设计共评材料。典型例文既有优秀范文，也有负面范文。对于负面范例，教师直接选用了自动批改的截图界面进行展示，隐藏学生字体、姓名等特征后制成PPT课件，并预留足够的空间用于勾画和标记，以保证后续师生共评环节充分展示学生的即时反馈意见（如图5-12）。

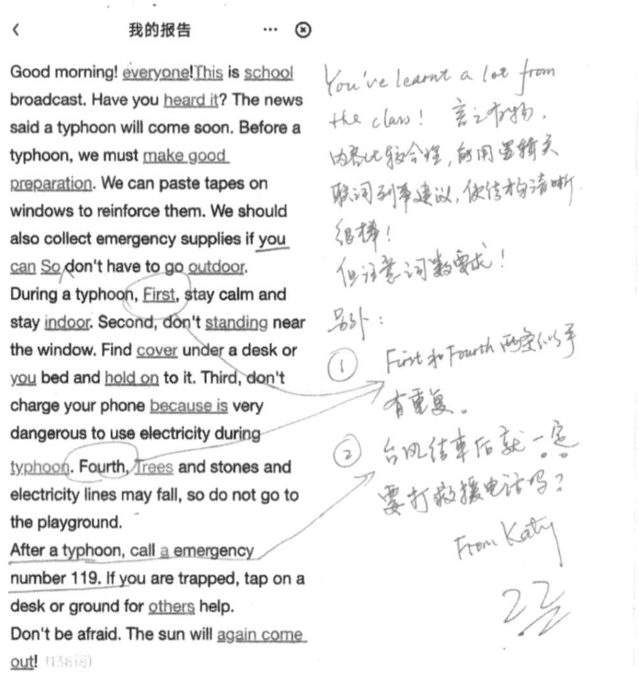

图5-12　第二轮行动计算机评价和教师评价示例

课上，首先进行针对典型样本的师生共评。由于典型样本来自学生的真实作品，认知难度符合学生水平，因此学生的师生共评参与度很高。师生共评后，教师发放互评材料，要求学生利用剩余课堂时间（约半个课时）进行学生互评。为突出互评重点、降低互评难度，教师为互评提供较高程度的支架，在互评前带领学生回顾评价标准，明确互评重点，提出具体操作要求。如在第三单元中，笔者与学生再次确认评价标准的四个维度和权重，指出互评的重点：(1)内容上，是否体现“过去”与“将来”的对立和变化；(2)语言上，不同时态、动词不定式等语法项目是否能够对应相应时间的行为；(3)结构上，是否运用合理的语篇组织方式清晰地区分饮食、运动等横向维度和时间先后的纵向维度；(4)行文规范方面，书写是否影响阅读以及字数是否符合题目要求。此外，为规范评价内容和形式，提高评价者的责任意识和参与度，要求学生对计算机评价显示的每一处标记(尤其是语言表达相关)给予回应，并对每个维度和总体情况打分并撰写评语(如图5-13)。

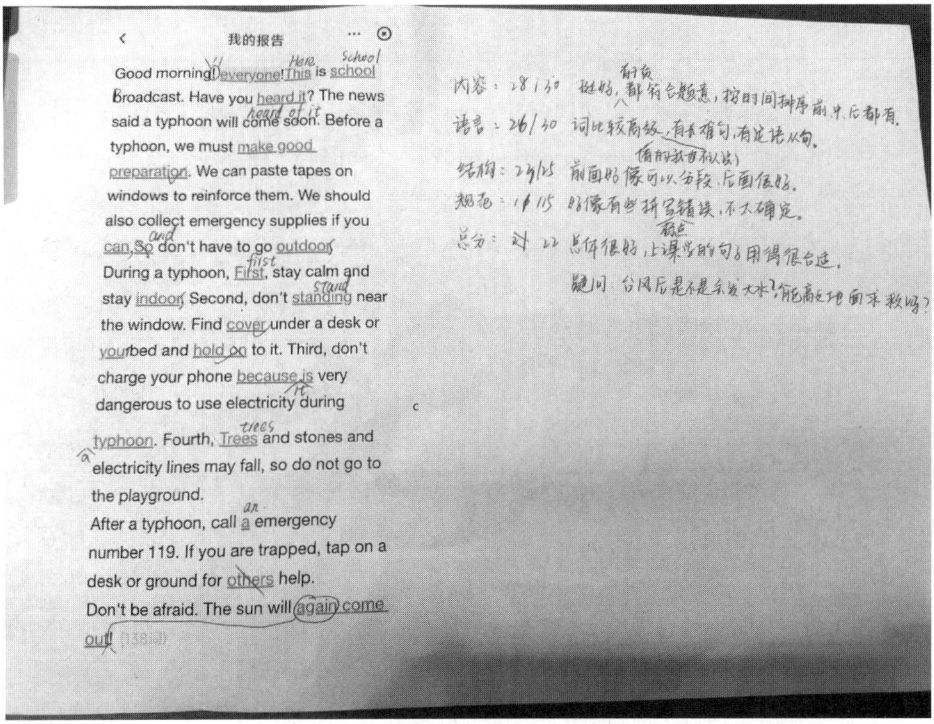

图5-13　第二轮行动学生互评示例

在实际操作中，笔者发现学生评价的几个特征：(1)来自学生的批判性意见明显多于建设性意见，学生更关注“如何纠正不足”，而非“如何进行升华和提升”。例如在第二单元中，学生能够挑出原文存在的“简单罗列旅行地点”和“时间安排混乱”等问题，但对于如何改善这一问题，则无法给出明确的建议；(2)学生更善于发现作文在结构和内容上的不当，尤其是经教师提示后，此类问题的发现和解决相对容易。但对语言维度的问题，尤其对共性语言错误的识别和修改难度都较大；(3)学生难以将典型样本中的问题对应到自己文章的问题中。例如，第三单元中动词不规则变化的错误、第四单元中定语从句运用不足的问题，在课上师生共评时已有较多讨论，但在学生的二稿中仍出现许多相似问题。

课后，学生综合多方反馈意见后撰写二稿，提交到第二次教师评价。此次师评的重心不再是给予修改意见，而是通过阶段性的结果性评价对学生作文的总体质量进行评估，帮助学生形成对自身写作能力的客观认知，提升学生写作成就感和自信心。教师对文章总体情况进行打分并撰写评语，肯定学生付出的努力和取得的进步，仅就其他评价主体未提及的、严重影响表达效果的重大不足提出进一步修改意见，并鼓励学生继续修改形成第三稿，但不作硬性规定。

最后，笔者对二稿呈现的共性问题进行归纳，在必要时设计补救性教学，并借助小体量的课堂和课后的测验检查补救性教学的效果，利用“易100”自动批阅平台快速考查学生的学习情况，设计补救性教学时特别重视必要性和颗粒度。例如，在第四单元，笔者发现学生二稿中仍然存在定语从句关系词和祈使句的误用问题。其中，定语从句是本单元重点语法项目，也是提升内容表达深度、语言复杂度的重要手段；祈使句虽不是语法重点，但在本次写作内容的表达中十分重要，直接影响表达的准确性。因此，笔者将定语从句关系词的选用和祈使句都纳入第四单元的补救性教学中。但是，这两个语法项目的内容涵盖范围很广，涉及的知识点众多，尤其是定语从句对高一学生来说是第一次接触。输出任务是协作教学的终极目标，补救性教学的目的是解决评价作文产品时发现的重大问题，必须避免因纠结语言形式的应用法则而陷入“学用分离”的误区。因此，补救性教学环节未引入外部教学资源，而是选用了学生作文中的真实案例和教师自编的少量符合当前写作主题的语句，针对实际问题，进行颗粒度小的、有的放矢的精准补救。在第四单元，学生对定语从句关系词的误用以 what 和 which 的混用为主，所以补救性教学仅对 what 和 which 进行辨析，而不涉及其他关系词。祈使句误用主要体现在否定祈使句上，所以补救教学内容仅关注祈使句的否定形式。这样的设计既简化了教学内容、节约了课堂教学时间，又使补救项目和作文紧密结合，针对性解决问题，做到学以致用。

第三节　教学效果的总结和反思

第二轮教学效果的评价主要考查是否实现了本轮行动的预期目标。因此，本节主要对评价环节的实施情况和学生作文的内容维度进行评价。此外，笔者还就本轮行动的整体情况做简要的分析和总结。

一、对教学过程的考查

为考查评价环节中，计算机评价、教师评价、学生互评的实施情况和效果，笔者收集并分析了第二轮行动的教师日志、学生作文评价材料及“网易有道词典”APP的自动批改结果。通过对材料的综合分析，得出以下发现：

（一）计算机评价效率提高

笔者首先对比了29名同学在第二单元一稿手写作文和计算机评价的结果。在对所有学生的批改结果中，提示修改最多的有29处，最少的有5处，平均值为12处/人。笔者对语言准确性相关的修改结果进行了人工核对和统计，发现计算机提示的修改建议中，有约62%是准确的，有约17%是错误的，还有约20%是因识别不准确，如句号、空格、大小写不规范所导致的误评。可以看出，自动批改对学生手写体文字的识别准确性较高，语言准确性的评价也较合理，尤其是对拼写、时态、语态、主谓一致等内容识别较为准确。

除评价准确性外，计算机评价的速度也明显加快。在本轮行动中，教师简化了计算机评价的操作步骤，只用到了手机和打印机两项设备就完成了自动评价的流程，付出的时间也大大减少。笔者曾在教学日志中写道：

“有道词典”的批改很友好，识别准确率比较高，只对一些很凌乱或者很轻的字迹才会识别错误。所以我决定以后不再校对书写识别了，识别成什么就是什么，这样既督促学生加强书写的规范性和工整性，又能节省我大量的时间。这一次我只用了约10分钟就完成了整个计算机评价的全部过程，效率之高完全出乎我的预料。

可见新的计算机评价方式集拍照、手写识别、自动评价为一体，且在识别手写文字的准确度、指出语言错误的准确性和操作的便捷度方面都有很大的提升，为教师提供很多方便。

（二）教师评价时效性提升

本轮行动中，教师评价的效率得到很大提升。笔者在日志中记录道：

本轮行动中，我严格遵循教师评价的宏观性、间接性、个性化和激励性。刚开始我尝试按照四个维度分别给予点评，但是评多了后发现有点词穷，评价内容有点相似，有的地方表述比较空洞，所以后面我改变了这种策略，抓住最重要的不足之处进行点评。对于总体评价我采取了“三明治法”，好的和坏的评价穿插一下，既能指出重要的不足，又能给学生一些鼓励。自从确定了这一策略，批改非常快速，思路非常清晰。

在对教师评价的逐步摸索中，教师慢慢习惯了新的评价策略，得以从细节中解脱出来，以更高的站位、更宏观的视角看待学生的作品，提供更具个性化和指导性的评价。

此外，由于计算机评价的有效参与，教师评价的时效性得以提高，减少了教师评价负担。笔者在日志中写道：

“有道词典”帮我过滤了很多细节问题，那么多学生的个性化的小错误，如果我逐个批改，真的太花时间了。现在我只需要快速浏览自动批改结果即可掌握一些学生的共性问题，批改时就可以仔细评价内容、逻辑问题，给学生很多宏观的指导。

可见，自动批改帮助教师处理了庞杂的语言准确性方面的问题，教师得以腾出时间去关注学生写作的整体质量，指出学生作文其他维度中突出的问题。

（三）学生互评参与度增强

本轮行动创新地将计算机评价作为支架，学生互评的参与度和投入度明显提升。分析了29名学生的互评材料后发现，有23人对计算机标记的内容给予回应，并从评价标准的四个维度给予全面的评分和评语，其他6份只有总体打分，没有修改内容，互评参与度和完成度相比首轮行动有了明显改善。

笔者统计学生的互评结果后发现，学生互评内容受计算机评价的结果影响较大。学生对244处自动评价提示的修改内容进行了回应，约占自动评价总量的70%，其中修改正确的有110处，约占45%，修改错误的有51处，约占21%，没改的有83处，约占34%，仅一名同学发现了一处计算机评价未识别的语言错误。说明自动批改在词语准确度方面有较好的参考价值，提供了强有力的支架。但是同时也说明学生对计算机评价的依赖性过强，评价还不够全面、深入。学生互评需要较强的批判性思维能力、分析问题和解决问题的能力，对学生综合能力的要求很高，而且学生对学习模式的熟悉需要过程，学生互评存在的问题仍需要长期的努力。教师也借此机会提醒学生，计算机自动批改，或者说人工智能技术具有一定的局限性，我们在充分利用信息技术带来的便利的同时，也要避免对技术的过分依赖、盲从。

二、不足和反思

本轮教学通过对各环节进行优化设计，基本实现了评价环节的顺利开展，学生作品质量也得到了较为全面的提升。但是，教师也遇到了促成环节输入材料使用方面的新问题。本轮教学中教师对促成材料的选取和改编具有清晰的目标和思路，可以很好地根据促成目标和语言难度决定课内材料的取舍和课外教育资源的引入和改编，并进一步设计具体促成活动。但是教师在检索相关资源的过程中意识到，对课外促成材料的改编与制作受现有资源限制，很多情况下并不能充分满足“教与学”的实际要求，尤其是一些高质量、系统性的资源并非围绕产出导向法的逻辑设计，使用起来需要大量改编的工作，对教师要求较高。同时，资源的获取与使用受到版权和网络条件等的因素限制，虽然笔者尽量选择互联网可获得的开放教育资源，但有一些资源仍然无法获得完整版本，存在一定的遗憾。因此，笔者计划在新一轮行动中，就如何自创促成环节输入材料进行进一步的研究。

第四节　本章小结

笔者针对混合学习环境下基于产出导向法的高中英语写作教学的驱动、促成、评价环节分别进行了改进，通过对教学过程和结果性资料的分析，发现本轮行动实现了优化评价环节流程、提升作品质量的预期目标。同时，笔者在设计教学内容时遇到了促成材料受现有资源限制的问题，计划开展第三轮行动，重点关注促成材料的自主创作。通过对第二轮行动的回顾和总结，笔者对各环节教学材料和教学活动的设计要点进行进一步补充。(1)驱动环节：对驱动材料的设计增加了相对复杂和多媒体性的设计要求，即产出任务要具有较高的复杂度，并以多媒体方式交代产出任务，呈现驱动场景的要素；驱动活动的设计在原有基础上还要体现充分性和渐显性，即借助多种策略充分开展尝试产出，并通过分享互动使产出缺口逐渐显露、明晰；(2)促成环节：促成材料的设计进一步强调语言难度的适中性，通过合理运用语言难度检测工具和多媒体技术工具，制作适切的多模态语篇资源；促成活动增加回顾性设计要点，并结合导学案的应用，将所学及时迁移应用至写作中，持续补足产出缺口，提升促成效率；(3)评价环节：评价材料的设计方面，要借助计算机评价为支架的评价材料，更好地实现各评价主体的互补性。具体体现为，教师评价应具有宏观性、间接性、个性化和激励性，计算机评价要体现侧重性和简洁性，学生互评要体现合作性和全面性；评价活动的设计则需要注意贯穿性和协作性，形成贯穿课前、课中、课后的综合过程和结果的评价，并进行人工与计算机、教师与学生间的协调配合的多元主体评价。

第六章　促成环节的进一步优化

第三轮行动在前两轮行动经验的基础上，重点关注多模态促成材料的开发与应用。前两轮行动的促成环节先后选用和改编了不同语言难度的文本、音频、视频等促成材料，并设计了多种语言促成活动，获得了较好的促成效果。但受到资源内容、版权、网络环境等因素影响，很多情况下难以便捷地获得符合教学要求的促成材料，尤其是多模态促成材料。为应对上述问题，笔者在原班级继续开展第三轮教学行动，设计和制作原创的多模态促成材料，并规划和实施相应的促成活动，解决促成材料受限的问题。

第一节　教学设计的进一步优化

本轮教学选取《人教版高一英语(必修第二册)》的第一单元,主题为“Cultural Heritage(文化遗产)”。该单元单词多涉及历史遗迹的保护措施和重要意义,语法项目为限制性定语从句,听、说和阅读文章主题涵盖国内外(中国、埃及等)的文化遗产保护。通过单元学习,学生应了解国内外文化遗产的知识,理解文化遗产保护的重要性,增强国际文化理解,提高对我国传统文化的认同感和自信心,并基本掌握相关的英语词汇和表达方式。

教师将写作任务设计为“给‘对联’写网店介绍语”。该任务贴近学生的日常生活,涵盖我国传统文化代表性事物的主要特征、基本用途和文化内隐等主题相关的话语内容,展示网络环境中介绍说明类语篇的谋篇技巧和组织方式,因此,任务具有较真实的跨文化交际价值。同时,学生在正确表达对联的样式、内容、文化内涵等方面仍有缺口,任务具有较高的复杂性。语言能力目标包括:(1)学生能够识别和运用主题词汇和句型描述中国传统手工艺品的名称和基本特征(如材质、尺寸、颜色等);(2)学生能够用英语简单描述对联的用途、使用场合和文化含义;(3)学生能运用至少一个定语从句增加表达的多样性和流畅性;(4)学生能够识别和运用购物网站常见的说明介绍类文体的语言风格和组织架构,合理布局文章结构。思维品质目标包括:(1)学生能利用思维导图梳理概括输入材料的文本结构,并应用于对联相关信息的组织归纳中,继而整理成文;(2)了解到写作过程的渐进性,能够做到多次补充和修改,逐步完善作文。学习能力目标包括:(1)意识到学习英语写作的交际价值,提高英语学习的兴趣和信心;(2)具有明确的学习目标,根据写作的输出目标,安排和完成课堂学习任务和课后作业。文化意识目标包括:(1)学生能够理解和描述“对联”等传统手工艺品所代表文化核心价值,如“福”“喜”“春”等;(2)了解实现我国传统文化输出的渠道和方式(如网络);(3)具有对优秀中华传统文化的自豪感和认同感,以及传播中华文化的意识和意愿。本轮教学的重点为:(1)用英语表达对联的特征、用途,及其体现的中国传统文化内涵和价值观;(2)合理组织内容和结构,形成内容丰富、结构清晰的网店商品介绍说明语篇。教学难点为:(1)中国传统文化内涵和价值观的表达方式;(2)运用限制性定语从句优化语言表达。

第三轮行动的教学流程仍然由驱动、促成、评价三个环节构成。驱动借用图文结合的输出材料(如图6-1所示)进行,具体包括三个步骤:

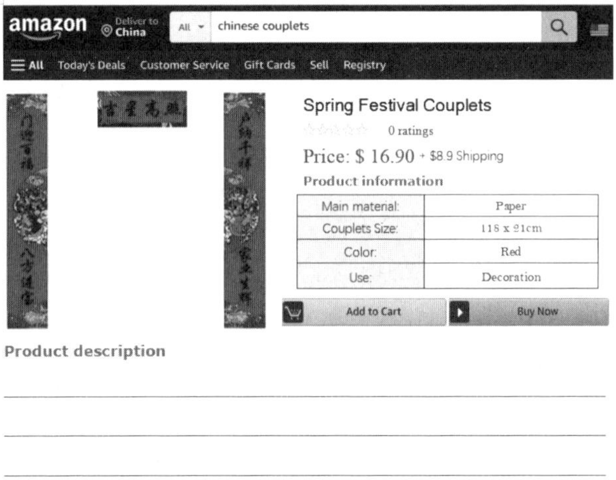

图6-1　第三轮行动教学作文输出样式

首先,驱动环节教师呈现自带的纸质对联,引导学生提出在“亚马逊”网站上售卖对联的意愿和撰写英文产品介绍的需求。然后教师交代产出任务,组织学生通过个人和小组“头脑风暴”活动,以思维导图的形式呈现“对联”的信息,充分尝试完成任务。接下来学生分享绘制的思维导图,互相进行简要评价。以此为基础,教师引导学生梳理主题内容、语言表述和组织结构三个方面的产出要求、已有能力和产出困难,将其概括总结到导学案上。促成环节包括以“介绍剪纸”和“介绍中国结”为主题的两个促成活动。首先,这两个活动主题的设计符合单元整体教学的目标和写作教学的目标。同对联一样,剪纸和中国结都是我国特色手工艺品的代表,是反映中华文化价值观的重要表征之一,符合本单元“文化遗产”的主题,符合单元教学中了解文化遗产知识、培养文化自信、促进文化交流的目标;其次,剪纸和中国结是学生日常生活中十分常见和熟悉的物品,学生具备对其历史、外观、用途等多个方面的基础认知,掌握相对应的英语基本词汇和句型,但对理解其隐含的深层文化内涵,以及如何准确、全面、清晰地用英语进行表述,并迁移至“对联”的描写中,仍存在一定的困难与挑战。第三,两个促成任务间互相补充、逐步递进。第一个促成活动关注写作内容和基本表达，保证学生有话可说，有词可用；第二个促成活动则展示更丰富、更复杂的语言表达方式，呈现更清晰、多样的语言组织手段，实现写作输出的进阶要求。促成任务与产出任务相互关联又各有不同，学生需要不断地比较、重组、修改和创造内容以及表达方式，无法“套模板”和“生搬硬套”。根据促成活动的“回顾性”设计，在“剪纸”和“中国结”促成活动结束后，教师分别带领学生回顾其在驱动阶段尝试产出的内容，组织学生将每个促成活动所学到的内容、语言或结构知识迁移运用到“对联”的介绍中，对驱动环节所绘制的思维导图进行逐步地完善和改进，避免将所有产出缺口留到最后进行统一补足，从而分解促成难度，提高促成效果。

第三轮行动评价环节按照课前、课中、课后三阶段进行。课前，教师收集学生一稿作文，进行教师评价和自动评价，制作课内互评材料，设计课内讲解和练习材料。其中，教师评价参考本轮作文的评价标准（表6-1），从行文规范、内容、语言、结构四个维度进行反馈，重点评价。课中，教师带领学生根据评价指标分析典型样本，重点练习共性问题，展开互评。互评在机评结果基础上一边讨论一边进行，采用全面反馈形式，尽可能将修改建议呈现，并提供量化打分和评语。课后，学生根据对一稿的多方意见进行修改完善，提交二稿由教师进行最终评价。教师对终稿的评价仅包含最终打分和总体评价，就极为重要的问题进行进一步点评。此外，根据学生作文完成情况，在二稿评价完成后进行补救性教学，例如中国传统文化内涵和价值观等抽象概念的表述，以及限制性定语从句的运用，或其他写作中存在的真实问题。

表6-1　第三轮行动作文评价标准

维度	评价指标
行文规范	字数在80-120字之间 大小写正确 标点合理
内容	涵盖对联的外形、用途、内涵等多个主要方面 达到“介绍对联”这一商品的交际目的
语言	语句表述不会严重影响读者理解 主要时态为一般现在时 限制性定语从句应用得当
结构	符合介绍说明文的文体特征 体现清晰的逻辑（如总—分、并列关系）

第二节　多模态促成的设计

本轮行动的重点是尝试自编促成材料并设计相应的促成活动，突出强调多模态教学材料的开发，旨在从多模态促成语篇设计的角度，对教学设计框架中教学内容设计的整体性、聚焦性、适中性原则进行细化。

一、多模态促成语篇的设计要点

第一，整体性。多模态促成语篇的整体性应包括外部与内部两个层面。外部整体性指多媒体输入语篇所呈现的教学内容与课程整体教学目标和学习者当前阶段的认知水平一致。同时，输入促成材料的教学内容与写作教学的话题、写作任务以及其他促成材料保持一贯性，形成相互间的对应与补充。内部整体性指该促成材料应该体现语言与文化交际的整体面貌，文字内容和图像内容体现语言的三个元功能，即概念意义（即语言代表的存在于主客观世界的内容）、人际意义（即语言体现的人与人之间的关系）和谋篇意义（即与语境相匹配的语言组织结构），突出语言功能的系统性。

第二，聚焦性。多模态促成语篇的聚焦性指材料要聚焦某一针对产出困难的具体要点。高中英语课时多数在40分钟左右，因此多模态语篇不应过长，要短小精干，保持较小颗粒度。教师可通过图片、文字、声音等元素的合理设计来突出促成重点，以写作内容促成为核心，帮助学生扩展并厘清写作主题的相关事实和观点，或聚焦具体的语言表述或语法知识等，帮助学生掌握表达技巧、优化表达方式。根据信息加工理论，信息在短时记忆中持续时间仅约20秒，容量为5到9个信息单位[①]。因此多模态语篇呈现方式上应满足媒体教学的一致性原则和邻近原则（接近性原则）[②]，注重图文结合、音视结合，对重点内容增加字幕解

① 罗明东，和学仁，李志平，等. 教育技术学基础：现代教学理论与信息技术整合的探索[M]. 北京：科学出版社，2007:101.

② [美]Smaldino E S, Russel D, Heinich R, Molenda M. [M]. 教学技术与媒体. 郭文革，译.8版. 北京：高等教育出版社，2008:124-125.

释，突出显示关键信息，去除冗余信息。多模态语篇中可设计必要的停顿或插入习题，引导学生做要点记录，提升学生对信息的回忆和理解能力。

第三，适中性。多模态促成语篇的适中性体现在语言本身和组织方法层面。“情感过滤假说”认为当学习者学习动机增强、自信心强、焦虑状况低时，语言输入效果更好[1]。所以，多模态促成材料的语言需要具有可理解性（i+1，即语言难度略高于学生的现有水平），长度和语速要适中，口音不应影响理解；内容组织要体现逻辑性和结构性，控制认知难度与认知负荷。

二、多模态促成材料的制作

根据以上设计要点，笔者分三个步骤制作了本轮教学的促成材料，分别为文本编写、图文制作和视频制作。

第一，文本编写。产出导向法认为产出目标决定输入材料的编写设计原则。因此，促成活动的语言材料需以产出任务“介绍对联”的主要内容为导向，语言难度适中、逐渐递进，应含有限制性定语从句的使用，文体上能体现说明介绍类文体特征，符合网络跨文化交际的语境。据此，笔者按以下流程（图6-2）编写了两个促成输入的文本材料。首先，在“Smodin APPS”人工智能内容生成网站（https://smodin.io/writer），以“Chinese paper cutting”“introduction”“feature”等为关键词生成了“对联”（图6-3）和“剪纸”主题语篇。浏览并删除中文翻译等无关内容后，导入数据可视化类软件生成词云（图6-4）。在此基础上，参考浏览“必应（国际版）”（Bing.com）搜索引擎上获取的来自China Highlights、LitCharts、Travel China guide等十余篇与介绍的物品相关的英语文章，及国外购物网站（如Amazon.com、ebay.com等），借助思维可视化软件分别绘制两个主题的主要内容思维导图（图6-5为对联主题的思维导图）和内容对比思维导图（图6-6）。

① 舒娇.视频在高中英语课堂上使用的教学效果调查与研究[D].西南大学，2020.

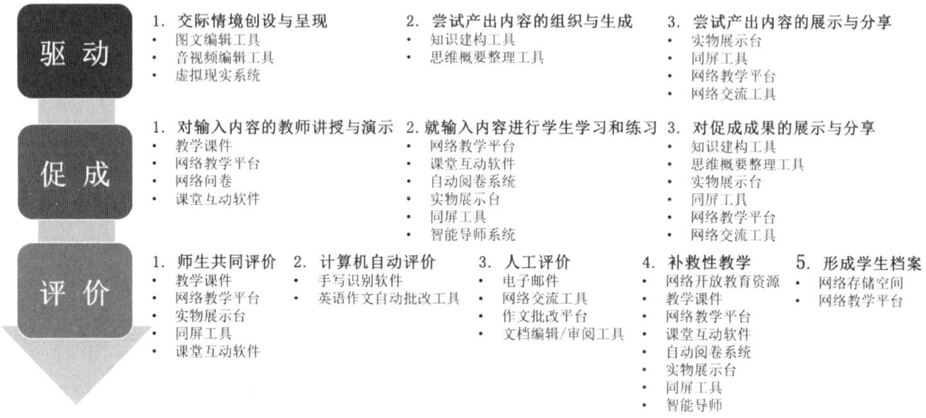

图6-2　第三轮行动促成材料文本编写流程图

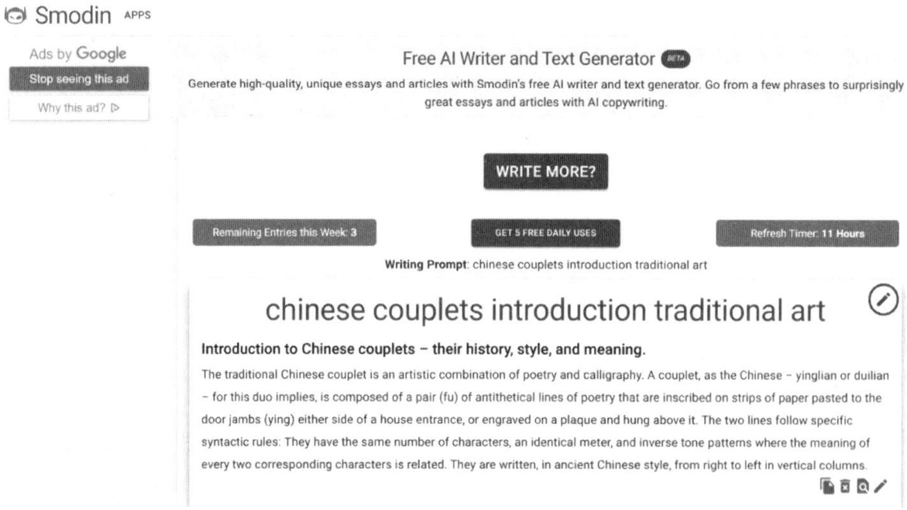

图6-3　“对联”主题人工智能内容生成界面

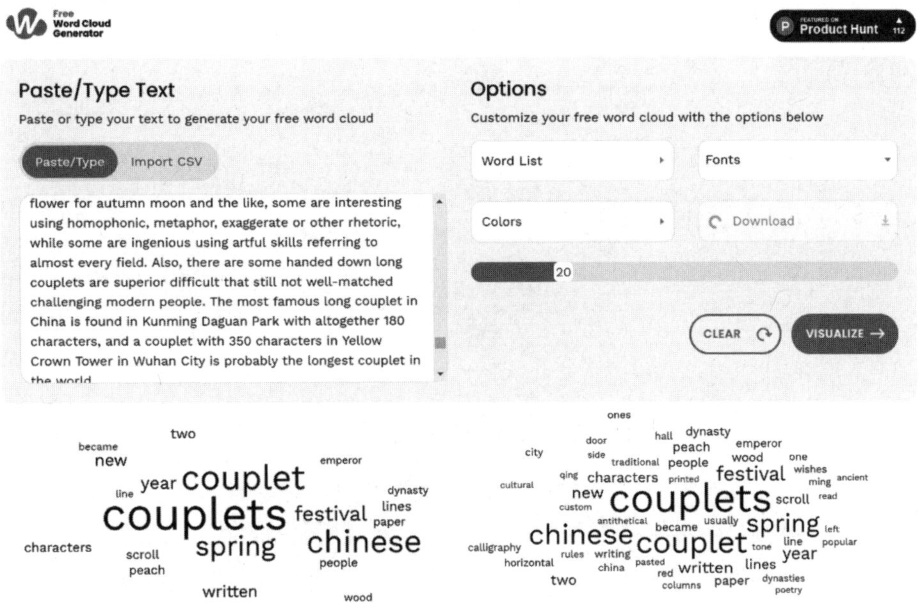

图6-4　“对联”主题关键词词云

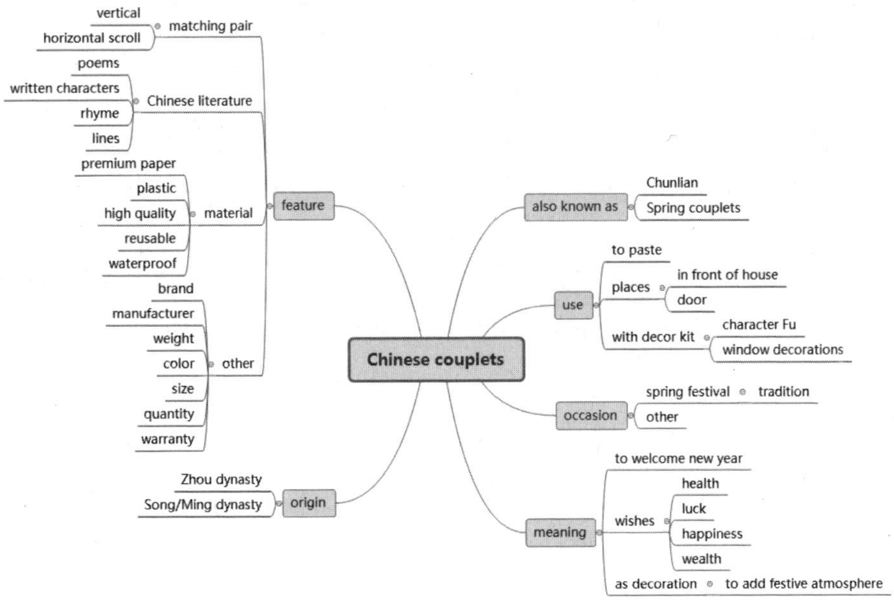

图6-5　“对联”主题主要内容思维导图

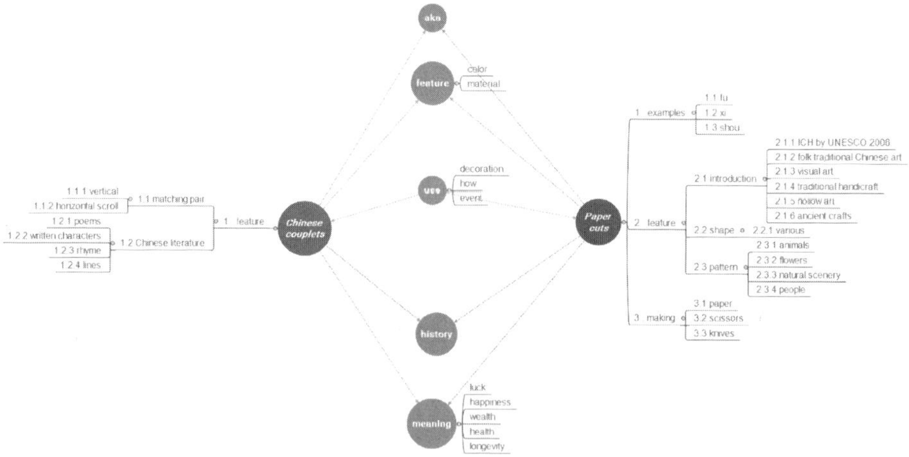

图6-6 “对联”和“剪纸”主题主要内容对比思维导图

以此为基础,参考网络资源和“有道词典”等,撰写促成活动一“剪纸”介绍文本的初稿,借助Microsoft Word的“同义词库”和“可读性统计”功能,检查和调整语言难度,利用审阅的“编辑器”功能检查文本准确性,形成“剪纸”介绍文本。最后,以同样的流程撰写、调整和确定活动二“中国结”的介绍文本。

利用思维导图软件Xmind的“比较与对比”模板对二者进行比较分析,除“上下联成对出现、内容常为互相呼应或押韵内容”等特征外,描述“剪纸”所涉及的方面几乎涵盖了描述“对联”的六个方面,即别称(also known as)、用途(use)、时机(occasion)、含义(meaning)、历史起源(origin)、形态特征(feature)。从这六个角度,参考前述网络资源的语料,教师撰写了“剪纸”的文字介绍材料。为保证自编语段语言准确、难度适中,笔者查看了“编辑器”中的“可读性统计信息”(图6-7),发现阅读难易度(Flesch Reading ease)、可读性等级(Flesch-Kincaid grade level)分别为58.4和9.1,难度较高。

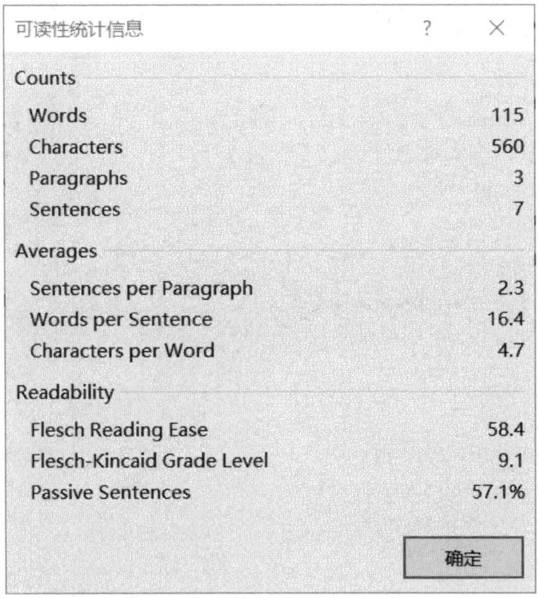

图6-7　修改前"剪纸"语篇可读性统计信息

作为首个输入材料，遵循促成材料的适中性，笔者对此语段进行调整，降低难度，参考Microsoft word中的"同义词库"（图6-8）和"网易有道词典"软件的提示，对一些词汇进行调整，如：handicraft改为art，去掉serve as，adorn改为decorate，convey改为express等，并再次进行可读性检测（图6-9），数据显示总长度、平均句长、词长都有所降低，可读性指标显示阅读难度降低。至此，笔者确定了"剪纸"输入材料的文本内容（图6-10）。

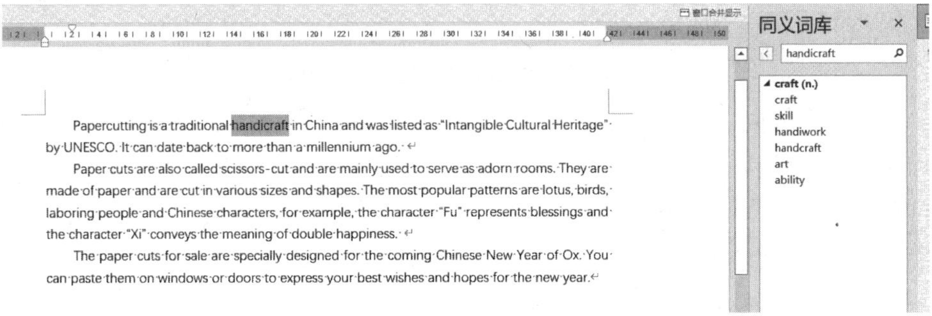

图6-8　对"剪纸"原始语段进行修改界面

可读性统计信息 ? ×

Counts	
Words	110
Characters	511
Paragraphs	3
Sentences	7
Averages	
Sentences per Paragraph	2.3
Words per Sentence	15.7
Characters per Word	4.4
Readability	
Flesch Reading Ease	65.5
Flesch-Kincaid Grade Level	8.0
Passive Sentences	57.1%

确定

图6-9 修改后“剪纸”语篇可读性统计信息

Papercutting is a traditional art in China and was listed as “Intangible Cultural Heritage” by UNESCO. It can date back to more than 1000 years ago.

Paper cuts are also called scissors-cut and are mainly used to decorate rooms. They are made of paper and are cut in different sizes and shapes. The most common patterns are flowers, birds, people and Chinese characters, for example, the character “Fu” mean good luck and “Xi” means double happiness.

The paper cuts for sale are designed for the coming Chinese New Year of Ox. You can paste them on windows or doors to express your best wishes and hopes for the new year.

图6-10 修改后的“剪纸”语篇文本内容

第二个促成材料以语言促成为主，关注语言的拓展。因此，该语篇在内容方面按照同样的六个维度组织，在语言表述上变化选词、增加定语从句等，语言难度保持中等。与第一个输入材料相似，笔者参考网络语料资源编写了“中国结”的简介文本，进行措辞修改，考查语言难度（图6-11），检查文本准确性，最终确定了“中国结”促成材料的文本内容，如图6-12。

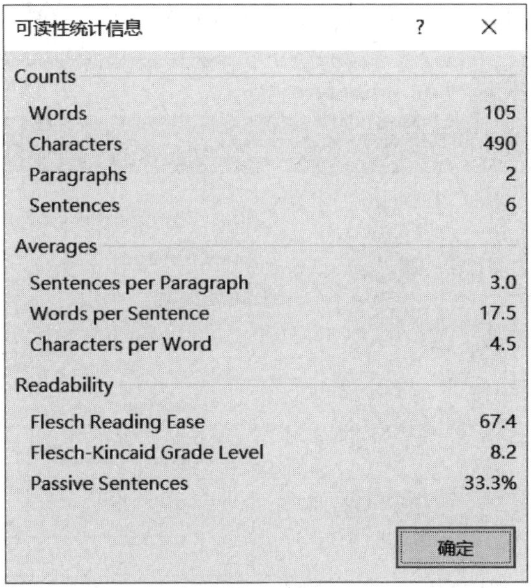

图6-11 “中国结”语篇可读性统计信息

Chinese knot is a local art form which has a very long history in China. Some believe the ancient Chinese started making Chinese knots in the Zhou Dynasty.

This couple of knots are made of colorful silk threads. The red color and the Chinese characters "Fu" and "Chun" represent good blessings in Chinese traditional culture. They are believed to bring good luck, happiness and fortune to people who receive them, so you can send them as new year gifts to your friends and family. You may also hang them in your own rooms or cars as decorations to welcome the coming of Chinese spring festival.

图6-12 “中国结”语篇文本内容

三、图文制作

本轮行动的图文制作主要用于模拟“对联”“剪纸”和“中国结”三个购物网页并呈现相关习题。以“剪纸”销售网页为例，网页设计模拟“Amazon”购物平台的布局，包括页头和主体部分。页头包括从“Amazon”网页截取的网站logo、搜索栏、导航栏等通用内容，主体部分分为商品图片/视频、商品名称和关键信息以及商品详情和相关习题，用Microsoft word进行图文编排（如图6-13）。此网页的设计对学生来说既熟悉又有新鲜感，学生对中文购物网站（如淘宝网等）非常了解，英文购物网站在主体结构、色彩等方面有相似之处，但在具体的布局和用词上又有细微差别。仅仅通过浏览网页，学生即可迅速调动对于网络购物的已有认知，关联到英文购物网站的应用中，明确语用场景，拓展语用渠道，唤醒写作的热情。

图6-13 "剪纸"主题促成活动习题

四、视频制作

视频制作分动画制作和音频合成两部分。视频的动画制作部分共分为五个步骤(见图6-14)：第一，将促成活动一的文本内容按语义划分为若干场景，分别为开头页、总体介绍、制作方法、外观、文化内涵、应用场合和用途、结尾页，并确定对应的主要意象和相应的文字素材(图6-15)。根据“梅耶多媒体呈现原则”,将文字与视觉信息放在一起同时呈现,以减少学生内在负荷,同时排除无关信息,以减少外在负荷[①]。因此,本动画的文字素材仅包括与动画对应的填空题所在的语句,对未设空的句子不予显示;第二,在“来画”动画视频制作平台搜索体现主要意象的图像素材,包括画面背景、角色、物品和文字素材,导入对应的场景页;第三,编辑素材,为场景页内的图片、文字元素添加动作,设置镜头动效和转场效果;第四,设置完成后预览动画视频,对不满意部分进行二次编辑、调整,直至满意;最后,导出可播放格式,生成动画文件,制作界面如图6-16。

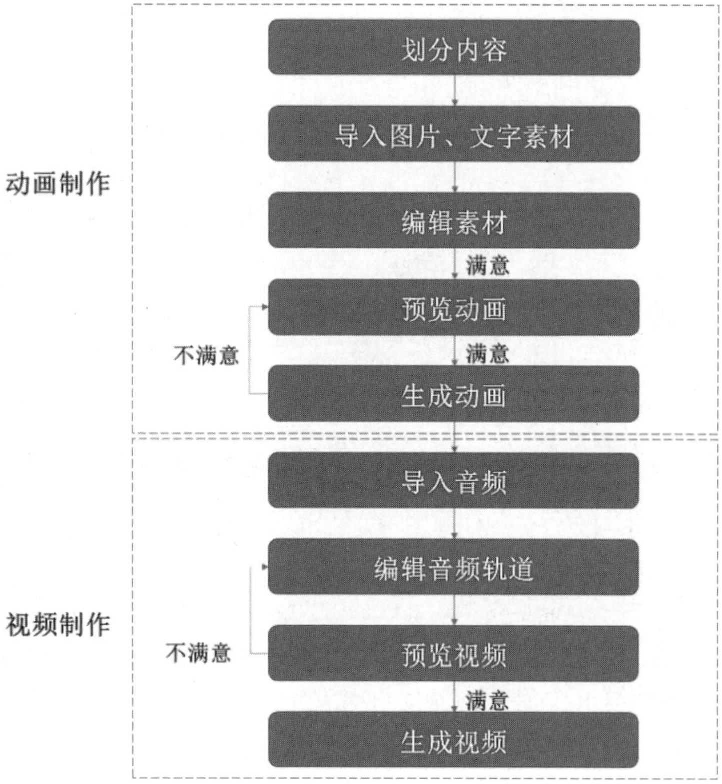

图6-14　第三轮行动促成视频制作流程

① 斯佩克特,梅里尔,范梅里恩伯尔,等.教育传播与技术研究手册[M].任友群,等译.上海:华东师范大学出版社,2009:108.

场景	主要内容	主要意象
1	开头页	题目、剪纸
2、3	总体介绍	古代人物、门窗、剪纸
4	制作方法	剪子、刀具、剪纸
5、6	外观	各种颜色、形状、图案的剪纸
7、8	文化内涵	汉字图案的剪纸
9、10	应用场合和用途	春节场景、剪纸
11	结尾页	祝福语、剪纸

图6-15　第三轮行动促成视频场景、主要内容和意象

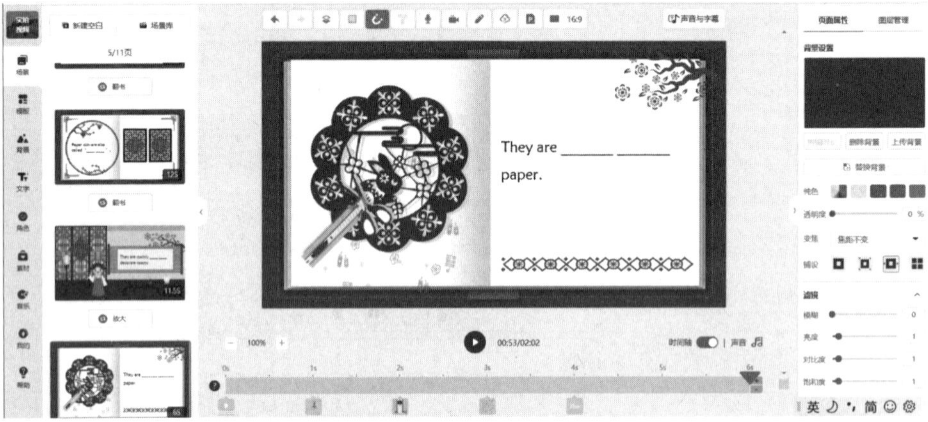

图6-16　第三轮行动促成视频制作界面示例

接下来,制作"剪纸"促成材料的音频部分。由于语篇为介绍说明类文体,音频适宜选用语速适中、语音标准、语气平和的声音,人工智能语音合成技术可实现这一目标。经过对多个小程序和软件的筛选,微信小程序"AI智能配音"具有以下优势:(1)无须注册或下载,即开即用;(2)文本容量大,单次上限4000个英文字符;(3)免费导出,可直接下载至手机或电脑。虽然相较于一些收费软件(如"配音阁"),该小程序存在语音风格选择较少、不能加入音效和背景音、不能调节停顿时长等问题,但在后续制作视频时可以利用视频软件实现这些功能,因此选用"AI智能配音"制作音频文件(图6-17)。输入"剪纸"的介绍文案,选择"Ava-美语女声"配音师,选择"正常语速",合成音频,导出时长为42秒的音频文件。

之后，利用“Camtasia 9”软件，将动画和音频文件合成为视频文件(图6-18)，分别将动画文件、人工智能合成的配音文件和背景音乐导入“Camtasia 9”，调整至与动画内容对应，预览调整直至满意，导出为MP4文件，时长约2分钟。

图6-17　第三轮行动AI智能配音制作界面

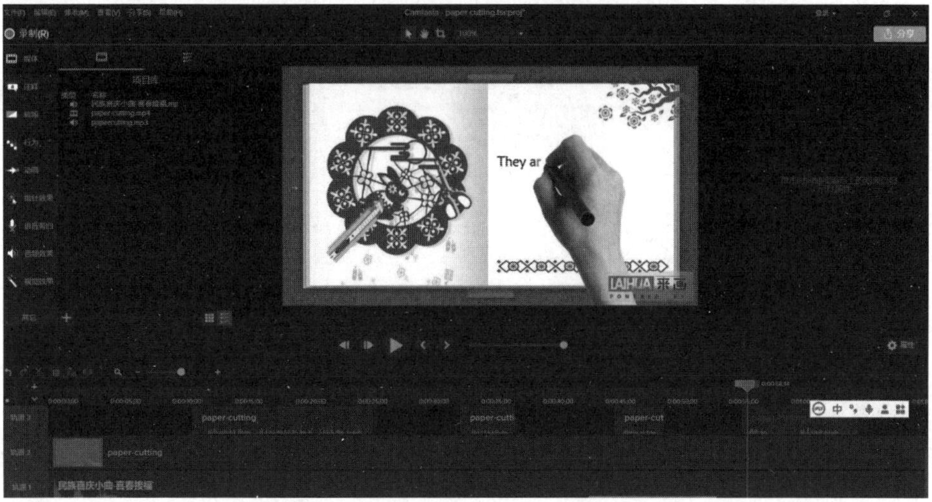

图6-18　“剪纸”视频Camtasia 9编辑界面

第三节　多模态促成的实施

本轮的促成环节共进行2.5个课时，合计完成了两个促成活动，见表6-2。

表6-2　第三轮行动课时安排

课时	1		2	3	4	5
教学环节	驱动	促成			评价	补救性教学

在前面的驱动环节，学生已经尝试产出的内容主要为对联的外观和基本用途，主要词汇包括“red, paper, two long lines and a short line, new year, put them on the door”等，存在的产出缺口包括：(1)内容不够丰富，没有对深层文化内涵的挖掘，缺乏深度；(2)结构比较松散，衔接性、逻辑性较差；(3)语言以词和简单短语为主，平铺直叙、语言单一、表达枯燥，无法对中国传统文化特色进行准确表达。在此基础上，开展了本轮的两个促成任务。

一、促成活动一：介绍“剪纸”

第一个促成活动是完善“Amazon”购物网站上对“papercuts”的商品介绍。按照“内容促成—语言促成”的顺序分为两个子活动，具体步骤如图6-19和图6-20。

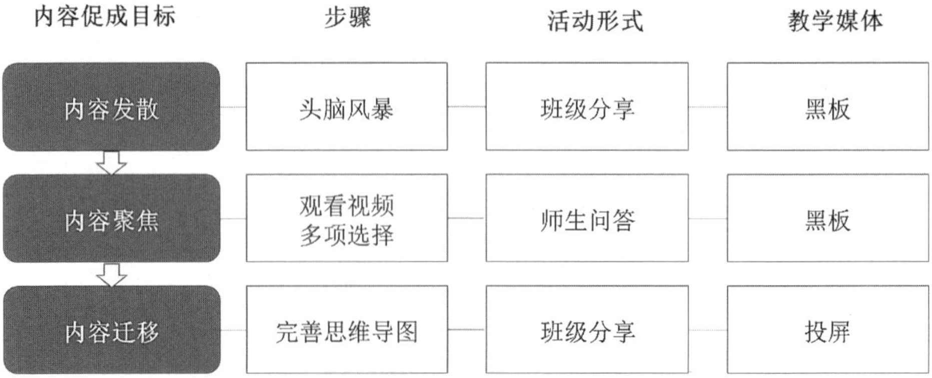

图6-19　第三轮行动促成活动一子活动1

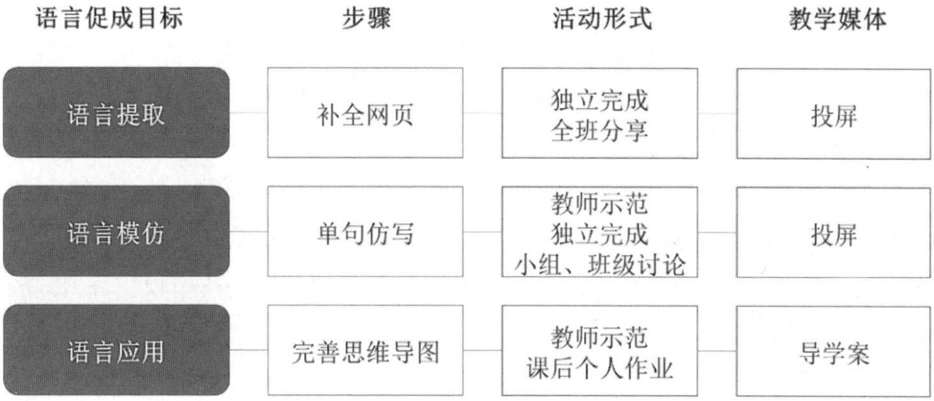

图6-20　第三轮行动促成活动一子活动2

(一)子活动1:内容促成

首先,学生进行头脑风暴,列举介绍“剪纸”的主要方面。教师发放纸质材料,学生观察网站的主要结构和特征,讨论向顾客介绍“剪纸”时要重点介绍哪些方面的内容、用词或短语并进行概括,在班级口头分享,教师将学生发言内容以清单的形式汇总到黑板上。然后,学生观看“剪纸”视频,提取介绍的主要方面。教师先向学生明确观看视频的目的,即“从黑板列出的清单中挑选出视频中提及的方面或补充清单内容”。视频介绍覆盖外观、材料、应用场合等几个方面,是介绍手工艺品的常见的基础性内容。教师挑选出“剪纸”视频的主要特征可帮助学生聚焦和整理写作思路,为促成“对联”介绍的主体内容提供较强的支架。最后,学生重新整理补充“对联”介绍的思维导图。学生根据对剪纸视频的学习,重新思考和讨论介绍“对联”的主要内容,并调整或补充“对联”介绍的思维导图的结构和细节,实现从介绍“剪纸”到介绍“对联”的迁移,完成写作内容的促成。

(二)子活动2:语言促成

在明确介绍“对联”应涵盖哪些主要内容维度后,学生遇到了英语表达方面的问题,包括如何介绍对联的外观、材料、应用场合、文化内涵等。因此,第二个子活动以语言促成为核心目的,帮助学生从输入材料中提取表达方式,进行仿写并应用于产出任务中。

首先,学生从输入材料中识别和提取重点词汇或句型。学生观看视频,完成填空题。为避免设空过密、作答难度过高,笔者选择部分重点词句设空,例如:

“intangible cultural heritage, art form”可用于描述“对联”的本质特征；“pattern, Chinese characters”可用于表达“对联”外观；“good luck, double happiness”代表文化意蕴；“decorate rooms, express best wishes”表示具体用途。除对目标词汇设空外，还对一些能辅助理解重点词汇的内容设空，如“more than 2000 years ago”用于提示学生“date back to(追溯)”的意义。该练习引导学生重点关注和理解目标词汇、句型的用法，确认拼写方式。学生作答后，教师选择几名学生的答案进行实时投屏展示，确保语言的准确性。然后，学生利用目标词句进行模仿练习。教师要求学生利用提取的词汇或句型，挑选“对联”思维导图的部分内容进行仿写。以“express best wishes”为例，先带领学生共同仿写，再要求学生进行自主仿写练习，以单句形式书写在草稿纸上，继而小组讨论，并选择部分内容进行全班范围的投屏，共同对即时产出的句子进行点评、修改或加工，完成单词、句子层面的语言促成。最后，学生修改即时产出的句子，并将其整合完善到思维导图的合适位置，完成作文重点内容的语言促成。此步骤由学生利用课后时间自主完成，除对已仿写的单句进行修改和完善外，还继续挖掘输入材料中的其他表达结构，创造性地表达个性化内容。

二、促成活动二：介绍“中国结”

通过促成活动一的学习，学生已基本掌握了介绍传统工艺品的主要内容和英语表达的方法。为促进语言表达的进阶和语篇结构的组织，教师设计了一个介绍中国结的网页作为第二个活动的语言输入材料。活动二的输入材料在语言表达上更丰富，融入多个定语从句，符合本单元的语法教学目标，有助于提升学生表达的流畅性、多样性和复杂性。此外，教师设计了“总—分”的总体结构和以“so, also”等逻辑关联词为标记的句间结构，引导学生关注写作结构，提升文章组织的合理性。活动二以语言拓展和结构促成为目的，包括子活动1(图6-21)和子活动2(图6-22)。

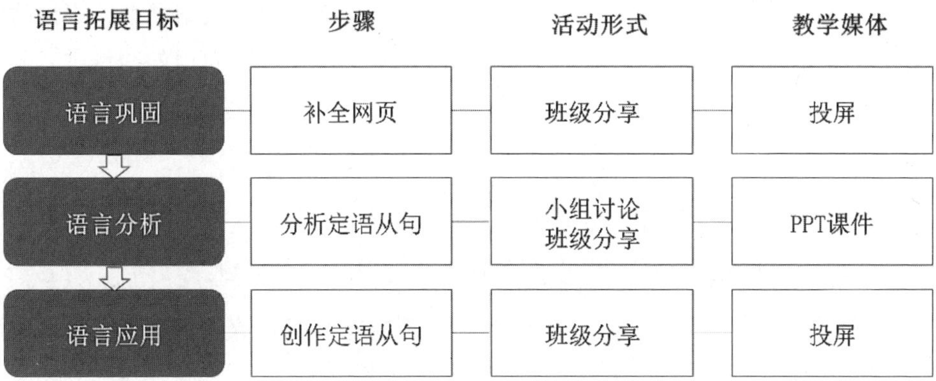

图6-21　第三轮行动促成活动二子活动1

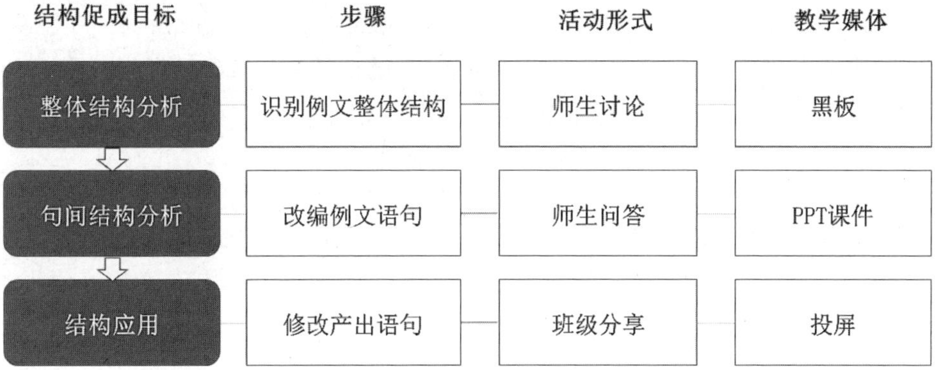

图6-22　第三轮行动促成活动二子活动2

(一)子活动1:语言拓展

学生首先快速浏览网页内容,并根据已有知识和提示词将网页缺失部分补充完整。该内容有一部分内容是活动一已学内容的复现或变形,如“art form, Chinese characters, good luck”等;还有相似内容的不同表述方式,如活动一中的“to decorate rooms, date back to, mean”和“best wishes”分别对应活动二中的“as decorations, have a very long history, represent”和“good blessings”等;也有活动一中未提及的新语言,如“dynasty, couple of, be believed to”等词语和结构。从活动一的听力题变为活动二的翻译题,学生对目标语言内容进行巩固,变化了表达方式,增加了语言的丰富性和多样性。学生完成后,教师选择部分学生答案进行投屏分享,师生共同进行核查和点评。接下来,教师引导学生理解文中定语从句的使用。教师利用提前制作的PPT课件展示定语从句,学生以三人一组开展讨论,分别汇报所选定语从句的关系词、先行词和句子含义。教师根据学生汇报内容进行简单标记和点评。最后,学生自主创作定语从句,应用至自己的写作中。学生独立书写完成后进行小组内讨论,再由教师选择若干内容进行投屏,展开班级范围的点评和修改,继续完善语言表达。

(二)子活动2:结构促成

综合本次写作教学目标和课时安排,结构促成仅关注"总—分"结构,以及用"also"表示并列和用"so"表示因果关系的基础用法,旨在达成学生作文结构基本完整、逻辑较为清晰的写作目标。首先,学生在教师引导下,总结出文章的"总—分"结构。学生参照此结构,整理思维导图,规划文章组织。然后,学生在"so"和"also"等逻辑关联词中选择合适的词语对文本进行联结、扩展或修改。在整个过程中,教师观察学生的即时产出(思维导图和作文语句),选择具有代表性的内容进行投屏展示,给予反馈、帮助改进。

第四节　对第三轮行动促成环节的评价

对第三轮行动促成环节的评价者为同行专家教师，主要对促成材料以及促成活动进行评价。

一、对促成材料的评价

同行教师首先肯定了本轮促成环节教学材料的针对性。她在访谈中说道："几个教学材料分别解决了学生在写作当中经常遇到的难点，比如说相关题目的背景知识、词汇知识，还有怎样厘清逻辑、提升语言质量，都是非常有效的，完整而且切中要害，这种设计非常好地解决了教学目标和教学难点"。这说明促成材料的整体设计基本能够做到有的放矢，能够解决学生在英语写作中遇到的实际问题。同行教师还从高中学生的认知规律视角出发，认为教学材料中"语篇的设计非常符合高中学生的学习特点，有一定的阶梯性。从词和简单句到并列句，再到一些复杂句型……可以看出每一步都是精心设计的，让学生稍微一努力就可以达到学习目标"。可见，本轮对于教学材料的选择，整体上做到了循序渐进。

同行教师还认可了教学材料形式的丰富性："课堂设计能够调动学生的'听说读写译'等不同的技能，此外还有不同题型的设计，不同形式的信息来源。视频、图片设计得非常贴切、恰当，体现了语言运用的语境化，而这种网络语境恰恰是信息时代的一种跨文化交流的新语境，是传统教学里少见的"。

二、对促成活动的评价

同行教师还对促成环节的教学活动做出了评价，尤其对促成活动中的合作学习给予了较高评价：

"学生借助导学案开展了一系列针对语篇的解构和学习，一些教学活动丰富多样,调动了学生自己、同桌、周围的小伙伴,全班形成了一个学习共同体。通过合作学习,学生更加沉浸在课堂里面,这就是新课标想要让我们学生能够获得的体验和达成的核心素养。"

这从侧面说明,混合学习环境下基于产出导向法的高中英语写作教学设计可以很好地指导学生开展对于学习活动的合作,调动了学生的学习积极性,提升英语学科核心素养。

此外,信息技术在促成活动中的运用令同行教师印象深刻,她认为"教学的精心设计,加上一些现代教育技术的使用,尤其是扫二维码和投屏的活动特别有趣,学生对这个课堂更感兴趣了,大家都是非常热情、兴奋地参与到课堂讨论,积极性都很高"。从旁观者的角度,同行教师观察到学生学习热情的提升和时间、精力上更多地投入。她还认为,通过学生的作文学习策略可以促进学生自主学习能力的养成。她说:"通过这个过程,学生对英语写作产生了兴趣,也不需要老师进行过多的干预,他们可以自学,甚至可以把课上学习的策略用到课下,比如网络资源的利用、同伴互助、思维导图……我觉得这是一个可持续性的教学策略"。但是,同行教师也表达了自己对于技术应用的担忧,认为较高的技术门槛可能会给教师带来备课压力,也阻碍了教学方法的推广:"投屏和扫码(技术的应用)还可以,但有几个英语老师会做视频呢?恐怕不多,所以这种材料的准备确实是很难的,耗费时间、精力,对老师个人能力要求很高。"

综合来看,第三轮行动中促成环节的设计与实施取得了较好的效果,输入语篇体现出较强的针对性和丰富性,促成活动则促进了学生的合作学习和自主学习能力的发展。

第五节 对教学效果的总体评价

为了对三轮行动的教学效果进行全面的评估，判断行动的有效性，本书运用“柯氏四级评价模型”对混合环境下的产出导向法高中英语写作教学的结果进行评价，分别从反应层（reaction）、学习层（learning）、行为层（behavior）和结果层（result）收集数据。反应层主要了解学生对教学的主观感受和评价，通过封闭式问卷和小组访谈的方式，获取学生对教学的主观评价数据。学习层主要聚焦学生对知识、技能的习得，通过对学生写作文本进行质性分析，从语言能力、思维品质、学习能力和文化意识等维度评估学生的学科核心素养发展情况。行为层主要判断学生已学的知识是否引起学生行为的改善，通过每轮行动的学生作文的得分进行重复测量方差分析，考查作文成绩的变化情况。最后，结果层的功能在于考查学生的写作成绩进步带来的收益，但碍于学生基础、文理分班等条件所限，无法进行有效的横向比较，也并非本研究核心的关注点，所以本研究暂不涉及。

一、学生学习感受

就写作教学的总体满意度而言，学生的评价较高，超过65%的学生对教学的总体评价为非常好（图6-23）。从访谈中也可以发现，经过三轮教学，学生对待写作的态度已经从最开始的负面态度，逐渐转化为正面态度。有位学生说道：

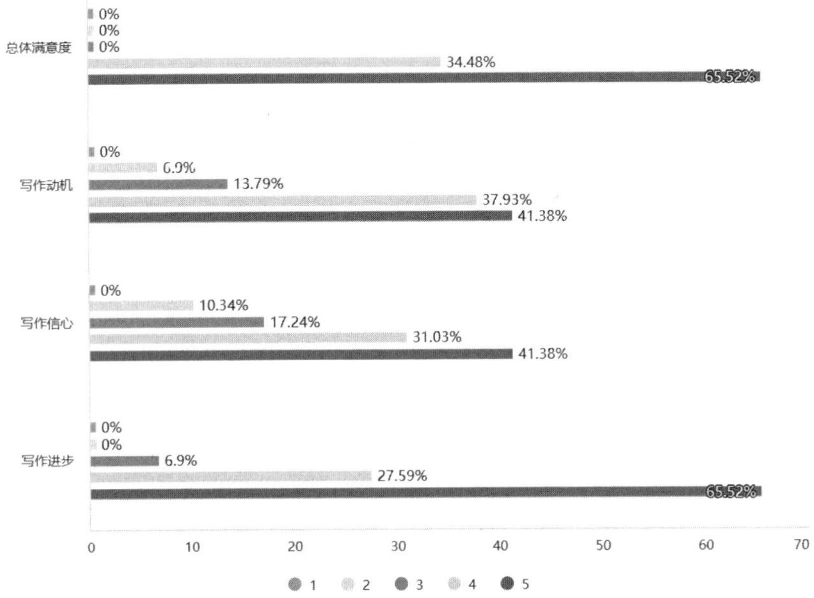

图6-23 学生对写作教学的整体感受

“本来写作文是我挺怕的一个东西……以前写出来以后，老师经常给我挑错误，我就觉得花费了很多的时间，投入了很多的精力，到最后分数也不是很高，所以稍微有点害怕写作文。但是通过老师一步一步地教我，我现在觉得我不怕写作文了，希望老师能多讲点，我进步也快点。”

不难看出，学生认为写作教学从被动的“要我学”，变成主动的“我要学”，教学在学生情感体验上产生了积极的促进作用。

写作动机方面，有近八成的学生有较强或非常强的英语写作意愿。在访谈中有学生提到“不烦写作课了，也不怕留（写作）作业了”“现在对写作挺感兴趣的，心里已经不害怕了，就特别想知道怎么学”。但是，仍有少数学生（约6.9%）存在一定的抵触心理。访谈中，有同学给出了具体的原因：“挺麻烦的，得自己想，费脑筋，平时能不写还是不太想写”。但该生也提到，在不得不写的场合，比如“考试的话，作文得自己写，不能像以前一样抄前面的（阅读）了”。相较于刚入学时大部分同学对写作的强烈排斥，学生整体的英语写作意愿有较大提升。

写作信心方面，约72%的学生作出肯定答复，其中“非常有信心”的约占40%。约10%的学生仍然比较缺乏英语写作的信心。访谈中，学生表示信心主要来源于对写作难度的重新认知和对教师指导的信任，认为“慢慢学应该能学好,也没有想象的那么难”“只要老师领着写,就有信心”。访谈还发现,一些学生写作信心的缺失与其对自身英语能力,尤其是与词汇和语法方面基础水平的自我评价有关,例如有学生说“我的词汇量不行,怕写不好”,也有人认为“语法学不明白,如果(作文里)都是错误,怎么写也不行”。

写作进步方面,有约93%的同学认为自己的写作能力有所进步,其中自我感知进步非常大的同学占65%以上。有学生透露,收获比较大的方面是英语写作的策略和技巧,如学会“怎样用思维导图组织思路,怎样从其他文章中找有用的词和句”“知道怎么写(作文)了,得一步一步来,再检查修改,而不是一下就写好的”。有约6.9%的同学认为自己的进步程度一般,与写作信心缺失的原因相似,学生将“进步一般”的原因同样归咎为自身薄弱的词汇和语法基础水平。如有学生说道,“我基础太差了,以前都是背(模板),自己没怎么写过,现在写每次都得花更多工夫,最后的结果也只能是中等偏下的水平”。

(一)学生对各环节的感受

学生对写作教学的感受可以分为驱动环节、促成环节、评价环节涉及的教学材料和活动(见图6-24)。

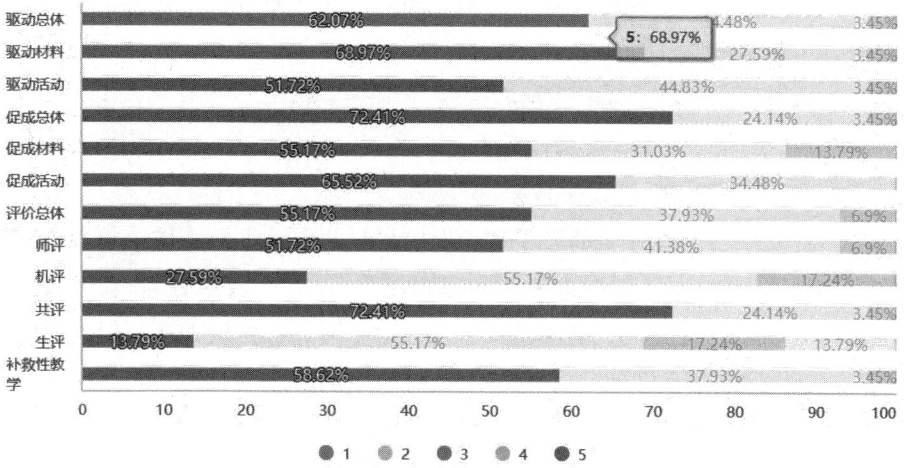

图6-24 学生对各环节的感受

几乎所有同学对驱动环节表示“总体满意”，其中表示“非常满意”的学生为62.07%，除1人外，所有学生认为驱动材料的设计好，其中约69%认为“非常好”。访谈中发现，学生认为任务本身体现出了较好的交际价值。如有学生说“这些话题，挺有意思的，感觉好像是真的一样，以前的作文题目都‘傻傻’的，(比如)‘看图说话’不知道写来干什么。现在写商品介绍就挺符合现实的，我以后带货可以用到啊”。学生同样还对多媒体驱动材料给予较高评价，有学生说，“驱动的动画挺有意思的，脑袋里一下子就有了画面感，就知道需要写什么了”。另一学生补充说，“对，第三单元(驱动)视频里的小女孩太可怜了，我就特别想帮她想想办法”。驱动环节的教学活动同样获得学生的集体好评，仅有1人表示一般。通过访谈可以发现，学生意识到了驱动活动中小组讨论、协作学习对于发散思维和逻辑训练的重要意义，有学生说“看到别人写的之后，自己思路也拓宽了，就不局限在原来的想法里，投屏后大家一起讨论，就能发现很多自己怎么也发现不了的思维漏洞，这就是集体的智慧”。还有同学觉得集体协作学习提高了自己的任务完成度，“投屏能强迫自己把这些东西整理一下，这样自己写完大家帮忙一起改，就没那么难了”。有同学提到了尝试产出活动对于发现写作缺口、进行后续促成有重要作用，说“不写一下也不知道自己会不会，写了之后就知道自己的作文还差什么，然后就去查缺补漏”。多名同学还特别强调以思维导图形式尝试产出的优点，有学生反馈道“学会了画思维导图，给题目就知道往哪些方面走了”“思维导图的运用特别好，写的时候有思路有提纲，知道每一部分写什么”。

促成环节的总体满意度较驱动和评价更高，72.41%的学生给予最高评价，24.14%的学生认为较好，仅3.45%的学生表示一般。关于促成材料，学生整体的反馈较为积极，超过一半的学生认为促成材料的设计很好。访谈中学生反馈道，“(促成)视频有画面有关键词，所以基本能看懂……(文字)阅读能读懂，不算难，内容挺多的，但读起来不会很枯燥”。但也有部分学生认为部分促成材料存在较难或较长的问题，如有学生说“(课内材料)有一些生词还没背，有的文章有点长，看得有点累”；对于多模态输入材料“有时候看完记不住，老师让记笔记，但有时候也跟不上”。学生对促成活动的评价很高。其中，认为非常好的超过65%，其他学生认为比较好，没有学生对其有负面评价。通过访谈发现，学生对促成活动的难度和丰富性有很好的评价。有学生提到促成活动“不难，(因为)有的看起来很难的活动，只要大家讨论一下，或者投屏一下就容易了”。有的同学说"(促成活动)有各种题型,有的是让我知道写什么,有的是让我知道怎么写"。还有同学说道,"(促成活动)都是熟悉的题型,单选、连线、仿写都有。客观题自己就能答,主观题有点难,但是很有用,尤其是仿写,能把学到的句型写到自己的作文里"。学生还特别提到导学案在促成活动中的重要作用,"要做什么导学案上都写了,清清楚楚,只要跟着做就好了"。"(导学案)特别有用,上课的每一个步骤都能想起来,写作文的时候方便,以后复习也方便""节省了很多上课抄笔记的时间,上课就真的能有时间练,怎么写,怎么评"。

学生对评价环节的反馈相比前两个环节有一些差距,但总体良好。约一半的学生认为非常好,37.93%的学生认为比较好,6.9%的学生认为一般。对评价环节的反馈按评价主体划分,学生对教师评价和课堂师生共评的印象最佳,认为"好的"和"非常好的"占90%以上。对教师能力的信任是最主要的原因,学生说道,"老师水平高啊,老师批得肯定对"。还有同学提到了教师评价方式对启发思考的作用,"以前初中老师把错误全改完了,我重新抄一下就行,也不太思考为什么那样改。现在老师就给我标一下,写一下问题,但是不告诉我答案,这样我就得想为什么、怎么改,不能偷懒"。课堂师生共评中,教师扮演重要作用,"老师引领我们上课评,好多错误大家都是一样的,一提示就能看出问题,但让我们自己看就需要很长时间"。共评还发挥了集体的力量,"投屏上去一看,大家按评价标准讨论就很容易明白作文差在哪,自己看自己的作文就看不出来"。

对计算机评价的总体好评率较高(约84%),超55%的学生认为比较好,超27%的学生认为非常好。学生认为自动批改提供的支架提供了很强的助力,"(计算机自动批改把)错词都标出来了,不难改""要是(自动批改)不提示,我就无从下手"。还有同学认为融合多个评价主体的评价材料可以提供比较全面的观点,如有学生说"我可以综合看一下各方面是怎么评的,看看谁评得对,再决定改不改"。但也有17%的同学认为计算机评价"一般",主要原因是"即使有机评结果,我也看不出来哪错了""感觉给我改得不全对,没啥参考价值"。有学生对评价的准确性和标注方式有质疑,"有的错误都没标出来,但有的没错也给标出来了,感觉不够智能",还有学生提到"要是能把怎么改也标出来就好了"。可见基于信息技术的自动作文评阅手段仍有优化空间。同学互评的好评率在69%左右,学生认为同学的"打分比较准,评语写得很认真""我也想看看别人的作文,学习一下"。有学生认为通过互评,自己的作文鉴赏能力逐步提高,"我也不是很专业，但是还是能看出来一些问题的，尤其是有的写跑题的东西，还有分段合不合理，根据作文打分标准(判断)，第一次的时候不会，现在基本都会了”。但总体好评率低于其他主体评价，有13.79%的学生对其有负面评价。有的学生不太信任同伴的能力，“互评帮我改的错误我也不确定对不对，怕改完反而错了”，有同学对自己的评价能力有所怀疑，“我英语又没人家好，不敢改”“不太愿意看别人的作文，一些单词我看不懂，不知道对不对，不知道怎么批”。关于补救性教学，几乎所有学生持肯定态度。有的认为，补救性教学的内容切中要害、具有代表性，“感觉那些例句都是从我作文里拿出来的”“补救的时候就能马上发现自己也有一样的错误”。但有学生认为补救性教学讲得“太少了”，例如有学生说“定语从句只讲了‘which’，还是不懂和别的词有啥区别”，有的学生说，“已经改了两次，再补救已经改不动了”。

(二)学生对写作教学中信息技术的感受

学生对教学中信息技术工具的评价总体较高(见图6-25)。其中，不同媒体类型的教学材料获得了高度评价。视频类好评度最高。学生将好评的原因归于视频动画“轻松”“幽默”“方便理解、一看就懂”。此外，由于视频动画中设计了互动题目，学生同时锻炼听力、阅读等多项技能。有学生直言，“我本来以为视频里的字幕，老师会给我们，我们直接抄就行了，没想到是横线，挺练听力”。但也有部分学生提到，观看视频会导致一些问题，“有时候语言有点跟不上，有点游离在外”“如果换成纯文字，可能更能理解，但会感觉无聊”。图文类和音频类教学工具也获得较好认可，好评率超96%。学生认为“文字的内容比较方便阅读、方便做笔记，音频的内容没那么枯燥，有题的话也能记下来”。学生对PPT课件好评度相对较低。有学生建议教师需控制其总量和用法，直言“PPT最好简单点，突出重点。因为如果字太多，看完就忘，或者一边看PPT一边抄笔记，就听不到老师在说什么，所以简单点挺好的”。还有学生希望PPT能提供更多知识性内容。

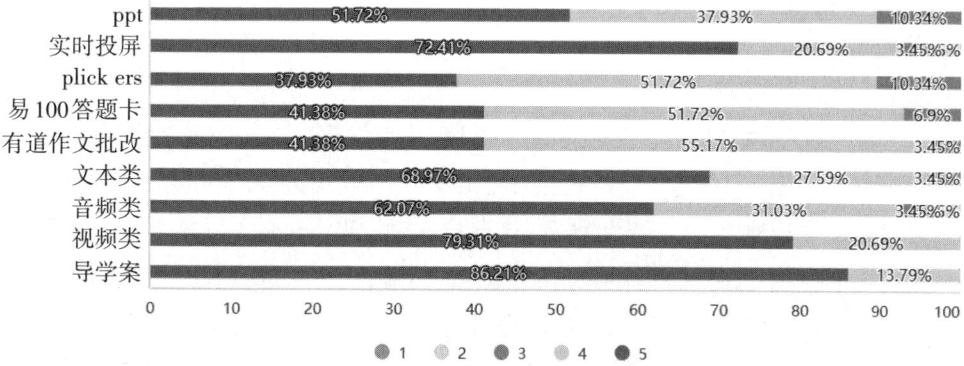

图6-25 学生对信息技术应用的感受

学生对于课堂互动类工具,包括实时投屏和“Plickers”两项技术均有较高评价。超过93%的学生认为实时投屏技术运用有效,“特别方便,一目了然”“(通过投屏)大家一起批改,立刻就能知道我错在什么地方了,挺好的”。而且实时投屏还督促了所有学生紧跟课堂节奏,有同学说,“老师随时可能投屏任何人的答案,所以我必须得写,还得好好写,不然投屏上去多丢人”。对“Plickers”课堂互动的好评率在89%左右,学生认为可以起调动课堂气氛和督促作用,“多好玩啊,大家都不困”“要是少一个人(就会被发现),不能‘溜号’,也不能乱举”“每个人的成绩都显示,下课还能统计总分”。还有同学认为借助“Plickers”的互动效率高,反馈及时,“当时就能知道每个人的答案,错得少就不用讲了”。但在操作时也存在扫码比较慢、个别人的(二维)码总也扫不上和学生“跟票”的情况,有学生解释说“有的时候还是会觉得别人学习好,自己本来想选,但还是不敢(举出自己认为对的答案)”。

“易100自动批阅平台”获得了93%的积极评价,同学认为这项技术“像考试一样,提前练习练习,挺好的”。有的学生对平台自动分析数据的便捷性表示肯定,说“老师给我们看班级平均分,我就知道自己什么水平了”。有学生虽然说“涂(答题)卡挺麻烦的,上课提问就行”,但也承认上课提问可能无法全面掌握班级总体情况,“可能不知道(全班同学)哪道题错得多,最终就是谁问问题就给谁讲”。对于“有道作文批改”这项技术,学生评价较好,但给予5分的学生(41.38%)少于给予4分的学生(55.17%)。支持这项技术的同学评价其有一定的辅助作用,“有机评结果,对我互评可能更快一点”。有同学描述了自己观察到的变化:

"比起同学间的互相交换,电脑先批改还是好很多。比如我同桌,刚开始直接交换那次,他就一直看着作文发呆,无从下手,后来他把要评的作文给我了,让我随便给个分。现在有个(自动批改的)提示,他就更愿意看,不然都不知道看什么。"

但有学生对自动批改类技术表示质疑,认为批改结果不是太准确,帮助作用有限。"有的能改出来,但有的还是改不出来。所以我批改的时候,我会都看,不会只看标错的地方"。有学生认为,这项技术对发现自己的错误有难度,"对我批改别人的有用,别人的错误有的能看出来,但对我改自己的(作文)没啥用,因为我还是看不出来该不该改"。对具体的修改方式,有同学也希望能给予更直接的修改,"能不能把结果(指自动批改的修改建议)也印上?因为很多时候我看了半天还是不知道怎么改"。可见间接的修改方式对于部分同学仍显不足。

二、学生学科核心素养目标达成情况

笔者对学生的第三轮行动中最终的产出进行了质性的分析,通过对学生英语学科核心素养目标的达成程度进行分析,发现学生在语言能力、思维品质、学习能力和文化意识等方面都体现出较为明显的进步。

(一)语言能力

首先,学生在目标语言应用层面进步明显。学生作文中出现了教师预设的重点目标词汇、短语和句式,且呈现增多态势。如第一轮教学中,学生较好地运用了表达情绪状态和因果关系的目标词汇和简单句型。第二轮教学中,学生作文基本符合三个主题的主要内容,利用一般过去时、一般将来时等时态和祈使句、复合句等目标句型完成表达。第三轮行动中学生对目标词汇的运用更广泛,多次出现的有"date back to(22次)、(Chinese) characters(18次)、spring festival(17次)、(be used) to decorate/for decoration(16次)、traditional art/culture(16次)、best wishes/blessings(15次)"等。有24名同学尝试运用了定语从句,其中使用两个或两个以上定语从句的学生有13人。

(二)思维品质

学生的高阶思维能力得以提升。第三轮所有学生作文都基本做到合理分段,这与第一轮中很多作文只能简单罗列、缺乏整体逻辑,甚至没有开头或结尾段形成鲜明对比;此外,学生作文中展现出更多的创造力,能受到输入内容的启发进行思维的发散，写出相关但不相同的内容，如有学生写道："They can date back to more than a thousand years ago and were called Taofu at that time"还有"There are Chinese characters on the couplets writed by brush"和"Parents paste them on the door in the last morning of a year"，还有同学提及了"Chinese calligraphy""Chinese poems""made of bamboo"等内容。

（三）学习能力

学生作文中体现的写作学习策略，尤其是交际策略方面有一定提升。在第一轮教学中，虽然写作话题与学生个人生活十分贴近，但学生在遇到表达困难时，采取了回避策略，放弃表达。而第二、三轮的写作字数大幅提升，结合具体写作内容发现，学生在不能精准表达一些内容时，采取了转述策略和举例策略等，而非消极回避。例如第三轮有学生用"two long pieces and a short one"代替"上联、下联和横批"，用"They have the same number of Chinese characters and read beautiful"表示"上下联的对仗"。有的同学不能确定对联出现的时间，用"ancient China"代替了具体的年份和朝代。

（四）文化意识

学生的跨文化交际意识进一步提升。第一轮行动的写作任务设计了本国人和外国友人的跨文化交流需求，但除个别学生简要提及"疫情"方面的因素，学生对中外差异的关注偏少。第二轮行动中，大多数学生在描述旅行计划主题作文时，涉及了本土冬季旅游文化，如东北特色饮食、游乐项目、旅游地点等。第三轮教学则进一步展示出对中国文化的了解，克服文化特色内容"难翻译"的特点，尤其是"福气""祝福""春节"等内容基本实现汉语到英语的"意译"，并从对联的形态、构成、历史、应用场景、文化内涵等角度全方位介绍了"对联"这一极具中国传统特色的代表事物。从学生的语言中，不难发现越来越强的跨文化交流的意愿、能力和自信心。

三、学生作文成绩

为了观察三轮教学的整体效果，笔者收集了每一轮行动中学生最终产出的作文文本，并利用"SPSS 23"将其中的量化数据（包括词数WC、语言L、内容C、结构O、行文规范M和总分T）进行单组重复测量方差分析，检验三轮教学对学生作文的总体影响趋势。正态性检验显示有五个子维度 $p<0.05$,未呈现正态分布(表6-3),且多出现在第二、三轮数据中,笔者认为这是由于教学行动对学生写作水平产生影响所致,且在各组样本量相等的情况下,单因素重复测量方差分析对于偏离正态分布数据的分析比较稳健,实质上并不影响犯"Ⅰ型错误"的概率,因此直接进行重复测量分析。

表6-3 作文量化数据正态性检验(重复测量)

	柯尔莫戈洛夫-斯米诺夫[a]			夏皮洛-威尔克		
	统计	自由度	显著性	统计	自由度	显著性
WC1	.087	29	.200*	.980	29	.830
L1	.094	29	.200*	.969	29	.530
C1	.125	29	.200*	.963	29	.393
O1	.146	29	.119	.959	29	.306
M1	.345	29	.000	.786	29	.000
T1	.120	29	.200*	.971	29	.597
WC2	.123	29	.200*	.972	29	.624
L2	.128	29	.200*	.941	29	.104
C2	.157	29	.066	.922	29	.034
O2	.126	29	.200*	.956	29	.265
M2	.195	29	.006	.934	29	.071
T2	.124	29	.200*	.976	29	.731
WC3	.152	29	.086	.937	29	.086
L3	.166	29	.039	.951	29	.198
C3	.179	29	.018	.877	29	.003
O3	.228	29	.001	.789	29	.000
M3	.202	29	.004	.877	29	.003
T3	.130	29	.200*	.955	29	.248

根据表6-4和表6-5,三次测量均为相同的学生,"莫奇来球形度"检验中各维度显著性值分别为0.207、0.319、0.907、0.630、0.405、0.883,均大于0.05,满足"莫奇来球形度"假设。表6-6显示,三个时间点的作文在总词数、语言、内容、结构、行文规范和总分六个维度均值的差异具有统计学意义,其中总词数维度 $F(2,56)=115.394$, $p<0.001$;语言维度 $F(2,56)=38.295$, $p<0.001$;内容维度 $F(2,56)=72.905$, $p<0.001$;结构维度 $F(2,56)=79.914$, $p<0.001$;行文规范维度 $F(2,56)=7.929$, $p=0.001$;总分维度 $F(2,56)=131.595$, $p<0.001$。说明经过三轮行动,除行

文规范外，学生作文在各个维度产生了显著的积极变化。

表6-4　重复测量描述统计

	平均值	标准偏差	个案数
WC1	58.97	13.062	29
WC2	108.38	19.016	29
WC3	92.90	13.529	29
L1	20.28	3.104	29
L2	22.00	3.566	29
L3	24.55	2.733	29
C1	18.69	4.115	29
C2	24.07	3.515	29
C3	26.14	2.656	29
O1	15.97	2.732	29
O2	19.97	2.771	29
O3	22.17	2.221	29
M1	12.83	1.311	29
M2	11.45	1.863	29
M3	12.28	1.509	29
T1	67.90	9.416	29
T2	77.48	9.156	29
T3	85.14	6.518	29

表6-5　“莫奇来球形度”检验[a]

主体内效应	测量	莫奇来 W	近似卡方	自由度	显著性
Time	WordCount	.890	3.146	2	.207
	Language	.919	2.283	2	.319
	Content	.993	.194	2	.907
	Organization	.966	.924	2	.630
	Mechanics	.935	1.806	2	.405
	Total	.991	.248	2	.883

表6-6　单变量检验

源	测量		Ⅲ类平方和	自由度	均方	F	显著性	偏 Eta 平方
time	Word-Count	假设球形度	37049.954	2	18524.977	115.394	.000	.805
		格林豪斯-盖斯勒	37049.954	1.802	20562.622	115.394	.000	.805
		辛-费德特	37049.954	1.918	19315.287	115.394	.000	.805
		下限	37049.954	1.000	37049.954	115.394	.000	.805
	Lan-guage	假设球形度	268.414	2	134.207	38.295	.000	.578
		格林豪斯-盖斯勒	268.414	1.850	145.091	38.295	.000	.578
		辛-费德特	268.414	1.975	135.898	38.295	.000	.578
		下限	268.414	1.000	268.414	38.295	.000	.578
	Content	假设球形度	857.379	2	428.690	72.905	.000	.723
		格林豪斯-盖斯勒	857.379	1.986	431.765	72.905	.000	.723
		辛-费德特	857.379	2.000	428.690	72.905	.000	.723
		下限	857.379	1.000	857.379	72.905	.000	.723
	Organi-zation	假设球形度	574.161	2	287.080	79.914	.000	.741
		格林豪斯-盖斯勒	574.161	1.935	296.739	79.914	.000	.741
		辛-费德特	574.161	2.000	287.080	79.914	.000	.741
		下限	574.161	1.000	574.161	79.914	.000	.741
time	Mechan-ics	假设球形度	27.954	2	13.977	7.929	.001	.221
		格林豪斯-盖斯勒	27.954	1.878	14.881	7.929	.001	.221
		辛-费德特	27.954	2.000	13.977	7.929	.001	.221
		下限	27.954	1.000	27.954	7.929	.009	.221
	Total	假设球形度	4328.368	2	2164.184	131.595	.000	.825
		格林豪斯-盖斯勒	4328.368	1.982	2183.968	131.595	.000	.825
		辛-费德特	4328.368	2.000	2164.184	131.595	.000	.825
		下限	4328.368	1.000	4328.368	131.595	.000	.825

续表

源	测量		Ⅲ类平方和	自由度	均方	F	显著性	偏 Eta 平方
误差(time)	Word-Count	假设球形度	8990.046	56	160.537			
		格林豪斯-盖斯勒	8990.046	50.451	178.195			
		辛-费德特	8990.046	53.709	167.385			
		下限	8990.046	28.000	321.073			
	Language	假设球形度	196.253	56	3.505			
		格林豪斯-盖斯勒	196.253	51.799	3.789			
		辛-费德特	196.253	55.303	3.549			
		下限	196.253	28.000	7.009			
	Content	假设球形度	329.287	56	5.880			
		格林豪斯-盖斯勒	329.287	55.601	5.922			
		辛-费德特	329.287	56.000	5.880			
		下限	329.287	28.000	11.760			
	Organization	假设球形度	201.172	56	3.592			
		格林豪斯-盖斯勒	201.172	54.177	3.713			
		辛-费德特	201.172	56.000	3.592			
		下限	201.172	28.000	7.185			
误差(time)	Mechanics	假设球形度	98.713	56	1.763			
		格林豪斯-盖斯勒	98.713	52.597	1.877			
		辛-费德特	98.713	56.000	1.763			
		下限	98.713	28.000	3.525			
	Total	假设球形度	920.966	56	16.446			
		格林豪斯-盖斯勒	920.966	55.493	16.596			
		辛-费德特	920.966	56.000	16.446			
		下限	920.966	28.000	32.892			

表6-7和表6-8与前文配对样本"t检验数据"基本一致，对于相邻两次作文的比较已经在前文详细解读，此部分仅补充分析第一次与第三次作文的比较分析。根据表7-8可以看出第三次作文总词数相较第一次显著增加了33.931词（95%置信区间：28.338-39.524，P<0.001），语言、内容和结构维度平均得分均有显著增加，增量分别为4.276分（95%置信区间：3.414-5.138，P<0.001）、7.448（95%置信区间：6.09-8.807，P<0.001）和6.207分（95%置信区间：5.240-7.173，P<0.001）；行文规范方面平均值略微下降但不具备统计学差异，约为0.552分（95%置信区间：-1.191-0.088，P=0.088>0.05）；总分均值提高17.241分（95%置信区间：15.122-19.361，P<0.001）。根据图6-26，从三个时间点学生作文总词数的折线图可以看到三次作文中，第一次词数最少，第二次大幅提升后在第三次微降。而语言、内容、结构三个分项维度、总分维度均呈总体上升趋势，其中内容、结构和总分维度在1到2的时间点上升幅度比2到3的时间点上升幅度更大，语言维度则是2到3的时间点上升幅度更大，四个维度的分数与时间成正相关，教学效果逐步提升。但是，行文规范维度的折线图则显示出下降趋势，得分与时间呈负相关，但幅度较小，变化不显著，在后续教学中对行文规范予以适当重视。

表6-7 估算边际平均值

测量	time	平均值	标准误差	95% 置信区间	
				下限	上限
WordCount	1	58.966	2.425	53.997	63.934
	2	108.379	3.531	101.146	115.613
	3	92.897	2.512	87.751	98.043
Language	1	20.276	.576	19.095	21.457
	2	22.000	.662	20.644	23.356
	3	24.552	.508	23.512	25.591
Content	1	18.690	.764	17.124	20.255
	2	24.069	.653	22.732	25.406
	3	26.138	.493	25.128	27.148
Organization	1	15.966	.507	14.926	17.005
	2	19.966	.515	18.912	21.019
	3	22.172	.412	21.328	23.017
Mechanics	1	12.828	.243	12.329	13.326
	2	11.448	.346	10.740	12.157
	3	12.276	.280	11.702	12.850

续表

测量	time	平均值	标准误差	95% 置信区间	
				下限	上限
Total	1	67.897	1.749	64.315	71.478
	2	77.483	1.700	74.000	80.965
	3	85.138	1.210	82.659	87.617

表6-8　成对比较

测量	(I) time	(J) time	平均值差值 (I-J)	标准误差	显著性b	差值的 95% 置信区间	
						下限	上限
WordCount	1	2	-49.414*	3.665	.000	-56.921	-41.906
		3	-33.931*	2.730	.000	-39.524	-28.338
	2	1	49.414*	3.665	.000	41.906	56.921
		3	15.483*	3.511	.000	8.291	22.675
	3	1	33.931*	2.730	.000	28.338	39.524
		2	-15.483*	3.511	.000	-22.675	-8.291
Language	1	2	-1.724*	.503	.002	-2.755	-.693
		3	-4.276*	.421	.000	-5.138	-3.414
	2	1	1.724*	.503	.002	.693	2.755
		3	-2.552*	.543	.000	-3.663	-1.440
	3	1	4.276*	.421	.000	3.414	5.138
		2	2.552*	.543	.000	1.440	3.663
Content	1	2	-5.379*	.623	.000	-6.655	-4.104
		3	-7.448*	.663	.000	-8.807	-6.090
	2	1	5.379*	.623	.000	4.104	6.655
		3	-2.069*	.624	.003	-3.347	-.791
	3	1	7.448*	.663	.000	6.090	8.807
		2	2.069*	.624	.003	.791	3.347
Organization	1	2	-4.000*	.541	.000	-5.109	-2.891
		3	-6.207*	.472	.000	-7.173	-5.240
	2	1	4.000*	.541	.000	2.891	5.109
		3	-2.207*	.477	.000	-3.184	-1.230
	3	1	6.207*	.472	.000	5.240	7.173
		2	2.207*	.477	.000	1.230	3.184
Mechanics	1	2	1.379*	.342	.000	.679	2.079
		3	.552	.312	.088	-.088	1.191
	2	1	-1.379*	.342	.000	-2.079	-.679

续表

测量	(I) time	(J) time	平均值差值 (I-J)	标准误差	显著性b	差值的 95% 置信区间	
						下限	上限
Mechanics		3	-.828*	.388	.042	-1.622	-.033
	3	1	-.552	.312	.088	-1.191	.088
		2	.828*	.388	.042	.033	1.622
Total	1	2	-9.586*	1.044	.000	-11.725	-7.448
		3	-17.241*	1.035	.000	-19.361	-15.122
	2	1	9.586*	1.044	.000	7.448	11.725
		3	-7.655*	1.114	.000	-9.938	-5.372
	3	1	17.241*	1.035	.000	15.122	19.361
		2	7.655*	1.114	.000	5.372	9.938

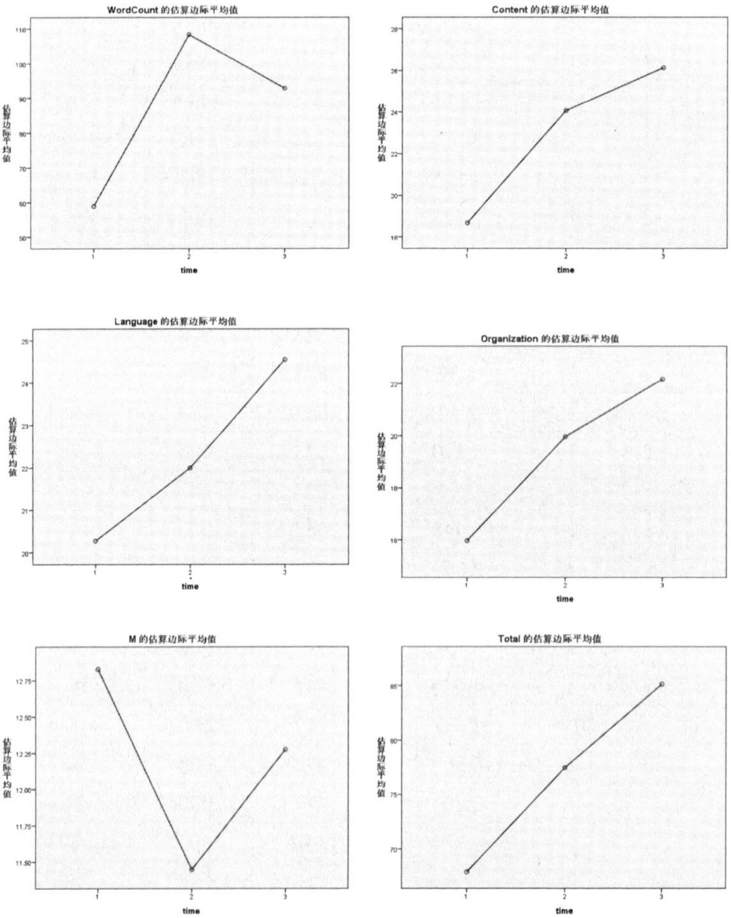

图6-26　各维度估算边际平均值汇总

第六节　本章小结

在设计原则指导下,本书提出了混合学习环境下基于产出导向法的高中英语写作教学实施路径,并进行了三轮设计与实施,对教学进行改进和优化。促成环节多模态促成材料的开发与应用中,选用和改编了不同语言难度的文本、音频、视频等促成材料,并设计了多种语言促成活动,获得了较好的促成效果。对三轮行动教学效果的全面评估表明,学生英语写作学习感受良好,学科核心素养得以发展,写作成绩显著提高。

第七章　教学实施建议和现实意义

经过三轮行动，笔者对设计要点进行了进一步的思考和完善，归纳总结了驱动、促成、评价等各环节的教学材料和教学活动设计要点。

第一节　驱动材料及活动的设计要点

驱动材料是产出导向法写作教学的起点，用于交代产出任务。驱动材料的设计应体现多元目标性、相对复杂性和多媒体性。多元目标性指在设计产出任务时，应综合考虑教材的单元主题和内容，涵盖语言能力、思维品质、文化意识和学习能力等多方面的英语学科核心素养培养目标，以及产出任务自身的交际目标，形成可操作、可量化的写作课时目标。相对复杂性指教师要通过调节任务所需的先验知识、因果逻辑、任务结构等因素，使写作任务具有较高的复杂程度。多媒体性指为了将较为复杂的产出任务明确地呈现，教师需通过多媒体形式的教学材料发布产出任务，所选驱动材料需生动、直观地呈现话题、身份、场合、目的等语言交际场景要素。

驱动活动设计要遵循充分性和渐显性。充分的驱动活动指先给予学生足够的独立尝试产出时间，鼓励学生尽量通过多种思维生成策略，形成个人的写作思路、暂时忽略对语言准确性的要求，尽量加入细节和已有知识等。独立活动后再进行小组和班级的集体讨论，发挥集体智慧，共同分享和完善学生个人尝试产出的内容。渐显的驱动活动指学生借助信息化课堂互动工具进行展示和点评，持续改进尝试产出成果，逐渐发现自身知识和能力的不足，使产出的缺口逐渐显现，从而明确能力发展方向和具体促成目标，产生写作学习的内驱力（如图7-1）。

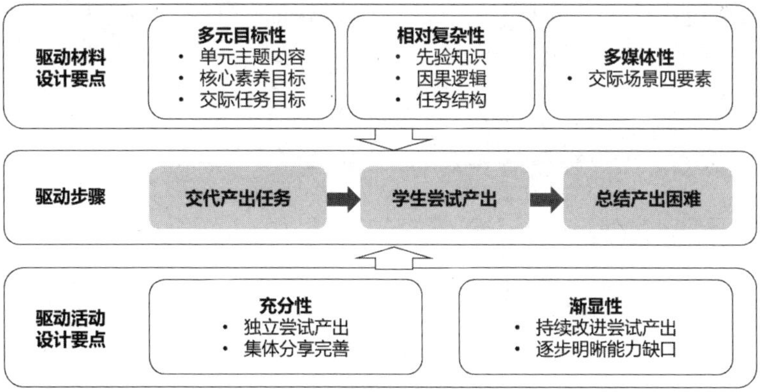

图7-1　驱动环节设计要点

第二节　促成材料及活动的设计要点

促成材料是写作学习活动的重要依托。教师可直接选用已有语料，并通过增加、减少、修改、删除、变化格式和设计问题等操作对其进行优化，也可以充分利用信息技术手段，自行创造全新的多模态促成材料。促成材料应具备整体性、聚焦性和适中性，指促成材料在外部和内部两个层面需保持整体一致性，通过较小颗粒度和图、文、音等因素的合理呈现，聚焦某一具体产出目标要点，并通过语言本身和内容组织方式，保证材料难度适中。

本书还增加了促成活动的模态转换性、认知进阶性和回顾性设计要求。模态转换性即促成环节应通过丰富的课上、课下活动，将语言输入进行模态转换后进行语言的输出；认知进阶性指教学活动根据“布鲁姆教育目标分类理论”，设计识记理解、应用分析、评价创新的认知层级逐步升高的促成活动，实现学生语言能力、思维品质、文化意识和学习能力的全面提升；回顾性指结合导学案的应用，鼓励学生在每个促成活动或子活动完成之后，回顾产出困难，将阶段促成成果回用到产出任务中，持续地对驱动环节尝试产出内容进行完善和改进，从而分解任务难度，逐步弥补产出缺口（见图 7–2）。

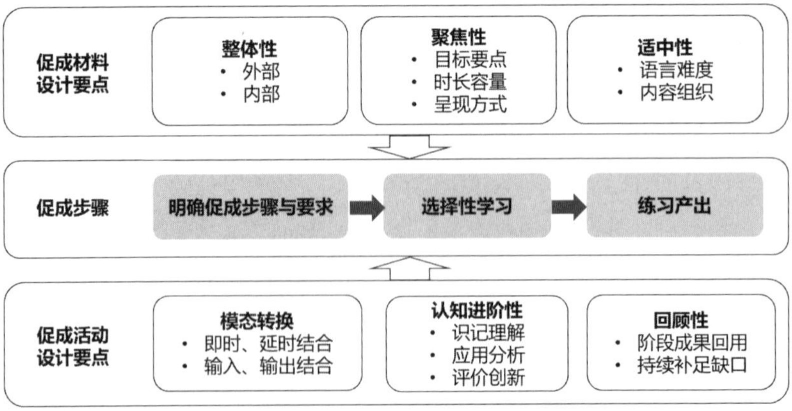

图7–2　促成环节设计要点

第三节　评价材料和活动的设计要点

评价环节是对学习效果的检验，也是写作学习的升华。评价活动的设计强调贯穿性和协作性。贯穿性指评价贯穿评价课时的课前、课中、课后各个阶段的、对作文一稿、作文二稿和补救性教学的评价，既包括对阶段性产出的过程性的评价，还包括对最终产品的结果性评价；具体流程是在一稿回收后，进行指向语言准确性的计算机评价和基于标准框架的教师评价，然后在课上开展对典型例文的师生共同批阅和自动批改结果为支架的同伴互评，最后学生完成二稿提交给教师做结果性评价，必要时进行聚焦重点的补救性教学。协作性则指评价主体的协调与配合，包括人工与计算机的协作评价和人员间的协作评价，人工与计算机的协作具体表现为教师参考计算机评价结果，发现和确定典型样本，学生以计算机间接评价结果为支架进行同伴互评；人员间的协作包括师生课上的共同评价和学生以小组或班级为单位进行的同伴合作评价。

各评价主体的评价材料应体现各自评价重点。其中，教师评价应体现宏观性、间接性、个性化和激励性，避免事无巨细地全面批改，着重选择文章内容、逻辑性、批判性和语言表达等方面的突出问题进行参照评价标准的系统反馈。对作文不当之处仅做间接提示，不做直接修改，对学生个性化问题进行针对性点评，并以鼓励的建设性意见为主。计算机评价要体现侧重性和简洁性，突出计算机评价在语言准确性评价方面的优势，在显示方式上以划线方式突出强调，以便后续学生互评和教师二次评价；学生互评要体现合作性和全面性，以自动批改结果作为支架，通过人机合作和学生小组内合作的互评方式，对学生作品从宏观和微观角度给予全面的反馈。除提供直接修改外，学生还应根据评价标准对作文进行量化打分、撰写评语（见图7-3）。

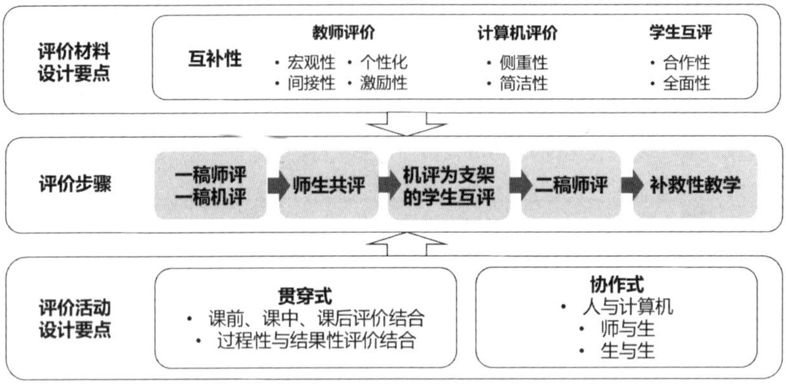

图7-3　评价环节设计要点

第四节　对信息化教学工具的使用建议

笔者在表7-1中列举了三轮设计与实施中利用的信息化教学工具，整理了相关信息技术的主要功能和使用时需要特别关注的方面。

表7-1　信息化教学工具的使用建议

工具类型及名称	功能	使用建议
文字处理软件： Microsoft Word 图片处理软件： Microsoft Powerpoint	编辑文本和图片内容、检测文本可读性、提供同义词替换建议等	保持图片适当的分辨率和饱和度 保持与文字等其他内容的一致性和邻近性 关注图片版权问题
教学课件制作： Microsoft Powerpoint	文字、图片、音频、视频等教学资源的课堂展示	可嵌入多模态资源 在播放时可充分利用动画、指针、墨迹等功能，以及“雨课堂”等插件的答题、弹幕等功能提高课堂交互性。
视频制作编辑软件： 来画、Camtasia Studio	用于屏幕抓取、编辑、生成音频、视频、动画材料	保持声音、图片、文字的一致性和邻近性、重点突出 音视频长度约1-5分钟为宜 平衡文件质量和大小
音频智能合成： AI智能配音	将文字转为语音	控制语速、口音、语调、停顿等因素
手机投屏软件： 小米手机自带软件	将手机屏幕实时投射到大屏上	注意学生书写范围和清晰度 关注学生分享意愿，避免强迫学生投屏 可开启图片的“编辑”功能，实现对分享内容的勾画和标记
作文自动批改软件： 网易有道词典“作文批改”功能	识别手写英文内容并进行作文自动批改，提供修改建议、打分和评语	评价结果仅保留画线标记，可对打分及修改建议予以隐藏 将评价结果截图、打印为纸质文本供学生课堂互评 向学生强调手写英文的工整度 设计统一的、合适的作答区域供学生书写作文

续表

工具类型及名称	功能	使用建议
自动阅卷系统： 易 100 自动阅卷系统	自动识别、统计学生答题卡作答情况，形成分析报表	适用于延时评价 尤其适合大量的客观题分析 强调学生答题卡填涂规范
课堂互动工具： Plickers	实时统计课堂上客观题作答情况，形成分析报表	需要教师监控课堂秩序、以保证学生独立作答
词云生成软件： 云图 人工智能内容生成： Smodin	根据所给主题和关键词，自动生成相关的主题词汇、段落或文章	需要教师进行人工检查和加工

第五节　高中英语写作的产出导向法教学的现实意义

本书立足基础教育教学数字化转型的背景，从英语学科写作教学改革切入，开展混合学习环境下基于产出导向法的高中英语写作教学研究。在总结前人研究成果的基础上，采用实证研究方法，系统深入地分析与探寻高中英语写作教学的困难及成因，获得教学改革的启示。

本书创新选用产出导向法与信息技术与课程整合理论的融合视角，从理论内涵、发展、优势、特征等关键角度对产出导向法和整合理论进行系统呈现和分析讨论，并阐述二者对我国英语写作教学设计的理论指导价值。继而探索出一条深度融合信息技术与英语学科教学的操作路径，提出教学设计的基本原则、基本框架、教学实施的具体流程以及各环节教学材料和教学活动设计的要点，形成一套完整的混合学习环境下基于产出导向法的高中英语写作教学方案，有助于丰富我国外语教学的理论研究。

本书所提的写作教学方案对学生写作质量的提升效果以及对学生英语学科素养的培养价值在三轮教学行动中得以验证。该方案在英语写作教学中寻找学科核心素养培养的触发点和结合点，有助于消除长期以来一线教师在培养学生英语写作能力方面的困扰和疑惑，有助于促进英语写作教学改革和学科育人价值的体现。本研究过程中形成的作文评分标准、写作教学流程、信息技术工具的应用等可供一线教师参考。

本书丰富了高中英语写作的常规课堂教学实践研究，为高中英语教学的改革和创新提供新的思路和方向，为产出导向法在混合学习环境下的应用和发展提供可操作性的方法和可借鉴的案例，为英语写作教学研究增添新的研究成果。